Norbert Berens / Marguerite Koob

ETHIK
in der
Grundschule
Band 4

Freunde
Gegner
Feinde

Arbeitsmaterialien
mit Kopiervorlagen

Illustrationen:
Corina Beurenmeister

Auer Verlag GmbH

Gedruckt auf umweltbewusst gefertigtem, chlorfrei gebleichtem
und alterungsbeständigem Papier.

1. Auflage. 2000
Nach der Neuregelung der deutschen Rechtschreibung

Satz: Fotosatz H. Buck, Kumhausen
Druck und Bindung: Ludwig Auer GmbH, Donauwörth
ISBN 3-403-0**3172**-1

Inhalt

Vorwort

Wenn Aristoteles, Platon und Cicero in der Antike von den Rechten der Menschen redeten, so bezog sich das nur auf einen kleinen Teil der Menschheit. Seit 1948 aber erkennt die Völkergemeinschaft allen Menschen dieser Erde ohne Unterscheidung die gleichen Rechte zu:

„Jeder Mensch hat Anspruch auf die in dieser Erklärung verkündeten Rechte und Freiheiten, ohne irgendeine Unterscheidung, wie etwa nach Rasse, Farbe, Geschlecht, Sprache, Religion, politischer und sonstiger Überzeugung, nationaler oder sozialer Herkunft, nach Eigentum, Geburt oder sonstigen Umständen. (...)"
(Art. 2 der Allgemeinen Erklärung der Menschenrechte, Resolution 217 (III) der Generalversammlung der Vereinten Nationen vom 10. Dezember 1948)

Der Umgang mit diesen Rechten und auch den Pflichten, die sich aus ihnen ergeben, will jedoch von Kindheit an geübt werden.
Wer die Kinder von heute als die Erwachsenen von morgen ansieht, kann sich als Erzieher wohl keine schönere Aufgabe vorstellen, als sie auf diesem Weg mitwirkend zu begleiten. Die vorliegende Reihe befasst sich mit dem religionsneutralen Ethikunterricht in der Grundschule und soll den Lehrerinnen und Lehrern ein nützliches Hilfsmittel dabei sein, auch wenn sie fachfremd unterrichten.
Es kann nicht die einzige Aufgabe der Erziehung sein, beziehungsloses Wissen zu vermitteln. Die Kinder haben gleichermaßen ein Recht auf Kompetenzen: Sie haben das Recht, vermittelt zu bekommen, wie man mit Wissen umgeht. Sie haben ein Recht darauf, zu erfahren, wie man als verantwortungsvoller und informierter Angehöriger unserer menschlichen Gemeinschaft am gemeinsamen Leben teilnehmen kann. Und sie haben auch das Recht, ihre eigene Person erkunden zu können und tolerantes Miteinander zu erfahren.
Ein neutraler Ethikunterricht wendet sich an Kinder und Erwachsene, die wertvolle Richtlinien für ihr Leben suchen. Er wendet sich auch an jene, die sich um zusätzliche Einsichten bemühen: zusätzlich zu jenen Einsichten, die ihnen die eigene oder die von ihrer Schule angebotene Religion vermittelt. Konflikte werden hierbei nicht entstehen, da diese Bände sich dem Geiste des zweiten Artikels der Menschenrechtserklärung verpflichtet sehen.
Selbstverständlich wurden die hier beschriebenen Unterrichtseinheiten mit Erfolg in der Praxis erprobt. Dies schließt die neuen Elemente, die diesen Unterricht kennzeichnen, mit ein. Hierzu gehört beispielsweise das gemeinsame Nachdenken in der Klasse, das Philosophieren. Es hat, dort wo es sinnvoll eingesetzt werden konnte, in diese Mappen Einzug gehalten.
Das Philosophieren mit Kindern und für Kinder ist eine Bewegung von inzwischen weltweiter Bedeutung, die sich keinesfalls auf das Erzieherische beschränkt. Man begegnet den Kindern mit Respekt: Respekt vor dem, was sie jetzt schon sind, aber auch vor dem, was sie einmal sein werden.
Unser Ethikunterricht will den Kindern in ihrer individuellen und gemeinschaftlichen Entwicklung dabei begleitend zur Seite stehen.

Die Autoren

Didaktische Hinweise

Neue wissenschaftliche Erkenntnisse, verbunden mit immer neuen, unbeantworteten moralischen Fragen, sowie der Wunsch, Kindern eine größere Chance zu geben auf ihrem Weg zu verantwortungsbewussten Erwachsenen, das sind die wichtigsten Begründungszusammenhänge für das Erscheinen dieser Reihe.

Das Verständnis der eigenen Person, der Beziehungen zu Mitmenschen und der Zusammenhänge im öffentlichen Leben – dies sind die angestrebten Unterrichtsziele. Um sie zu erreichen, kommen moderne Unterrichtsmethoden zur Anwendung, zum Teil werden neue Wege beschritten.
Ungewohnt wird für einige Lehrer* die Technik des gemeinsamen, philosophischen Nachdenkens sein, weshalb ihr Gebrauch eingehend erläutert wird. Das Philosophieren mit Kindern ist jedoch nicht das Hauptziel dieser Reihe, es ist vielmehr ein pädagogisches Mittel, das dort, wo es sinnvoll ist, zum Einsatz kommt.

Der Ethikunterricht, wie er hier vorliegt, birgt einige Eigenarten in sich, auf die wir im Folgenden kurz hinweisen möchten.
Einerseits ist es für viele Lehrer eines der interessantesten, wenn nicht gar das interessanteste Lehrfach – befasst es sich doch direkt mit dem Leben. Ein Fach also, für das man sich begeistern kann, und bei dem der Lehrer wohl derjenige ist, der am meisten hinzulernt. Notwendigerweise, muss man sagen, denn wo und wie die Unterrichtsstunde beginnt, legt der Lehrer fest. Doch wo und wann sie aufhört, das bestimmen oft die Schüler!
Das bedeutet also, dass der Lehrer mit seinem Wissen gefordert wird. Andererseits wird aber auch viel Fingerspitzengefühl von ihm verlangt. Nicht jede Unterrichtseinheit kann zu jedem Zeitpunkt behandelt werden. So wird man beispielsweise nicht über den Tod reden, wenn in der Klasse eines der Kinder soeben jemanden verloren hat, den es sehr liebte. Außer: Das Kind selbst begehrt danach!

* Hinweis: Wenn im Folgenden von „dem Lehrer" oder „der Lehrerin" gesprochen wird, so sind selbstverständlich Sie, liebe Kollegin, und Sie, lieber Kollege, stets mit gemeint. Auch steht „der Schüler" für Schülerinnen und Schüler.

Folgende Prinzipien dürfen nie außer Acht gelassen werden:

Bei der Behandlung einer Frage darf der Lehrer seine Schüler nie im Stich lassen; er muss ihnen stets helfend zur Seite stehen. Ein Kind braucht die Möglichkeit, sich an der Welt der Erwachsenen messen zu können. Diese wird in der Schule vor allem durch den Lehrer verkörpert. Er soll daher bereit sein, mit seinen Schülern zu argumentieren, seine Überlegungen von den Schülern prüfen und hinterfragen zu lassen. Dabei muss er seine eigenen Reaktionen überwachen und der Versuchung widerstehen, den Schülern seine persönliche Meinung aufdrängen zu wollen. Es kann und darf nicht sein, dass ein Lehrer den Schülern diktiert, was moralisch richtig und falsch zu sein hat.

Der Lehrer kennt sein Unterrichtsziel. Die Schüler kennen es nicht – dafür besitzen sie oft einen ungeahnten Wissensdrang. Daher wird der Lehrer häufig mit Fragen konfrontiert, die er nicht vorhergesehen hat. Aber auch dann sollte er kurz darauf eingehen, um dann wieder zu seinem eigentlichen Thema hinüberzulenken. Niemals jedoch sollte er einen Schüler mit seinen Überlegungen im Stich lassen, stets sollte er sich mit seinem Wissen zur Verfügung stellen und dem Kind die Möglichkeit geben, zu einer eigenen, selbstständigen Ansicht zu gelangen.

Andererseits muss der Lehrer aber auch genügend Spielraum lassen, damit jedes Kind sich eine eigene Meinung bilden und persönliche Haltungen aufbauen kann. Kein Kind im Grundschulalter ist in der Lage, sich gegenüber wohl überlegten und gezielten Argumenten eines Erwachsenen zur Wehr zu setzen. Umso größer ist die Verantwortung des Lehrers, der diese Hilflosigkeit nie ausnutzen darf, sondern dafür sorgen muss, dass seine Schüler in ihrem Inneren ausreichend Platz behalten für ihre Sensibilität und für eigene Schlussfolgerungen.

Und schließlich: Es darf nicht vorkommen, dass die Klasse sich in eine Selbsterfahrungsgruppe verwandelt. Der Lehrer ist kein Psychiater und ein solches Vorgehen würde schnell auf nicht vorhersehbare Art und Weise ausarten.

1.1 Freunde und Feinde

Unterrichtsplanung und -vorbereitung

Unterrichtsziel:

In dieser ersten Unterrichtseinheit werden die Begriffe „Freund“ und „Feind“ eingeführt und der Altersstufe der Kinder entsprechend definiert.
Im zweiten Schuljahr werden die beiden Begriffe durch den Begriff „Gegner“ vervollständigt und auch im dritten Schuljahr wird das Thema aufgegriffen.

Bezugsrahmen:

Die Unterrichtseinheit „Freunde und Feinde“ ist die erste von vier Unterrichtseinheiten und wird im ersten Schuljahr behandelt.

Zeitrahmen:

2 Unterrichtsstunden

Hilfsmittel:

Vorbereitete Kopiervorlagen:
Arbeitsblatt 1: „Meine Freunde“
Arbeitsblatt 2: „Tims Freunde (1)“
Arbeitsblatt 3: „Tims Freunde (2)“
Arbeitsblatt 4: „Tims Feinde“
Arbeitsblatt 5: „Ich bin verfeindet mit ...“

Weiteres Material:
Malfarben

Verlauf der Unterrichtseinheit

Erste Unterrichtsstunde: Unsere Umgebung

Einstieg:
Der Lehrer trägt den Kindern auf, sich ein Blatt zu nehmen und darauf ihre Freunde und Freundinnen zu malen. Das Blatt kommt später in ihre Mappe.

Verlauf der Unterrichtsstunde:
Nachdem die Arbeiten fertig gestellt sind, setzen die Kinder sich in einen Kreis, stellen ihren Mitschülern anhand der Bilder ihre Freunde und Freundinnen vor und berichten anschließend im Rahmen der Erzählrunde, was sie zusammen mit ihren Freunden tun.
Der Lehrer wirft hierbei die Frage auf, ob es Spaß macht, bei Freunden und Freundinnen zu sein und warum das so ist.
Anschließend wird die Frage erörtert, was die Kinder noch alles gerne mit ihren Freunden und Freundinnen machen würden, wenn sie die Möglichkeit dazu hätten.
Mit dem ersten Arbeitsblatt soll das Besprochene schriftlich festgehalten werden.

Anschließend werden die Arbeitsblätter 2 und 3 („Tims Freunde“), welche verschiedene Freundschaften beschreiben, ausgeteilt und Abschnitt für Abschnitt gelesen und bearbeitet:

1) *„Tim geht in die erste Klasse. Mit Klaus ist er befreundet. Die beiden haben großes Glück, denn sie dürfen nebeneinander sitzen. Sie tauschen häufig ihre Farbstifte und probieren sie auch manchmal heimlich aus, damit der Lehrer nichts merkt. Nach der Schule spielen sie oft zusammen.*
2) *Tims bester Freund heißt Jürgen. Jürgen geht nicht in die gleiche Klasse wie Tim, aber er wohnt im Nachbarhaus. Wenn Jürgen in die Ferien fährt, ist Tim richtig traurig.*

3) *Mit Kati aus der zweiten Klasse möchte Tim befreundet sein. Aber Kati geht ihm aus dem Weg. Tim glaubt, dass Kati nichts von ihm wissen will. In Wirklichkeit ist Kati sehr schüchtern und möchte auch mit Tim befreundet sein.*
4) *Rocky ist Tims großer Freund und Beschützer. Rocky ist ein Bernhardiner. Wenn Tim mit Rocky unterwegs ist, traut sich niemand, ihn auch nur schief anzugucken.*
5) *Tim sagt, Opa Oli sei sein bester Freund unter den Erwachsenen. Ihm könne er alles erzählen und er wüsste immer Rat, ohne vorher zu schimpfen.*
6) *Tim mag Ferdinand aus der zweiten Klasse. Er bewundert ihn sogar ein bisschen. Er glaubt, dass Ferdinand ihn auch gut leiden kann."*

Dann wird der Begriff „Freundschaft" mündlich definiert.

Abschließend dürfen die Kinder sich wieder in einen Kreis setzen und frei über ihre Freundschaften berichten.

Zweite Unterrichtsstunde: Meine Freunde

Einstieg:

Die Kinder sollen nun ihre Feinde und Feindinnen malen. Auch diese Bilder sind für die Mappe gedacht, sie werden den anderen Kindern aber nicht vorgestellt.

Verlauf der Unterrichtsstunde:

Arbeitsblatt 4 („Tims Feinde") wird anschließend ausgeteilt und ebenfalls Abschnitt für Abschnitt gelesen und bearbeitet:

1) *„Tim kann Christian nicht leiden und Christian kann Tim nicht ausstehen. Christian ist in der gleichen Klasse wie Tim. Die beiden sind verfeindet, seitdem Christian Tim bei der Lehrerin verpetzt hat.*
2) *Allerdings sind Tim und Gert die schlimmsten Feinde. Sie kommen nur selten aneinander vorbei, ohne aufeinander loszugehen. Eigentlich hat ihre Feindschaft keinen besonderen Grund, sie können sich eben nicht leiden.*
3) *Tim kann Frau Sommer nicht leiden. Sie ist eine richtige Hexe, schimpft dauernd und petzt bei Tims Vater, wenn der Ball mal wieder in ihrem Garten gelandet ist. Tim ist überzeugt, dass Frau Sommer ihn auch nicht leiden kann."*

Die Kinder setzen sich nun in einen Kreis und berichten über ihre Erlebnisse und Gefühle in Bezug auf Feindschaft. Anhand der Erzählungen der Kinder wird der Begriff „Feind" mündlich ausgearbeitet. Von abstrakten Definitionen wird abgesehen, der Begriff wird illustriert statt definiert, d. h. es wird mit den Beiträgen aus dem persönlichen Erleben und Empfinden der Kinder gearbeitet. Durch gezieltes Fragen zu den Berichten der Kinder werden dabei verschiedene Charakteristika der Feindschaft, beispielsweise „jemanden nicht leiden können, mit ihm streiten usw." herausgeschält.

Anschließend gehen die Kinder an ihre Plätze zurück. Das Arbeitsblatt 5 dient der individuellen Stellungnahme.

Meine Freunde

Schreibe die Namen deiner Freunde und Freundinnen in dieses Kästchen!

Ist es schön, bei deinen Freunden und Freundinnen zu sein?

Nun male, was du zusammen mit deinen Freunden und Freundinnen tust!

Male auch, was du noch alles gerne mit deinen Freunden und Freundinnen tun würdest, wenn du die Möglichkeit dazu hättest!

Tims Freunde (1)

Lies den Text und schreibe auf, ob du auch solche Freunde hast! Wie heißen sie?

Tim geht in die erste Klasse. Mit Klaus ist er befreundet. Die beiden haben großes Glück, denn sie dürfen nebeneinander sitzen. Sie tauschen häufig ihre Farbstifte und probieren sie auch manchmal heimlich aus, damit der Lehrer nichts merkt. Nach der Schule spielen sie oft zusammen.

....

Tims bester Freund heißt Jürgen. Jürgen geht nicht in die gleiche Klasse wie Tim, aber er wohnt im Nachbarhaus. Wenn Jürgen in die Ferien fährt, ist Tim richtig traurig.

....

Mit Kati aus der zweiten Klasse möchte Tim befreundet sein. Aber Kati geht ihm aus dem Weg. Tim glaubt, dass Kati nichts von ihm wissen will. In Wirklichkeit ist Kati sehr schüchtern und möchte auch mit Tim befreundet sein.

....

Tims Freunde (2)

Lies den Text und schreibe auf, ob du auch solche Freunde hast! Wie heißen sie?

Rocky ist Tims großer Freund und Beschützer. Rocky ist ein Bernhardiner. Wenn Tim mit Rocky unterwegs ist, traut sich niemand, ihn auch nur schief anzugucken.

Tim sagt, Opa Oli sei sein bester Freund unter den Erwachsenen. Ihm könne er alles erzählen und er wüsste immer Rat, ohne vorher zu schimpfen.

Tim mag Ferdinand aus der zweiten Klasse. Er bewundert ihn sogar ein bisschen. Er glaubt, dass Ferdinand ihn auch gut leiden kann.

Tims Feinde

Lies den Text und schreibe auf, ob du auch Ähnliches erlebt hast!

Tim kann Christian nicht leiden und Christian kann Tim nicht ausstehen. Christian ist in der gleichen Klasse wie Tim. Die beiden sind verfeindet, seitdem Christian Tim bei der Lehrerin verpetzt hat.

Allerdings sind Tim und Gert die schlimmsten Feinde. Sie kommen nur selten aneinander vorbei, ohne aufeinander loszugehen. Eigentlich hat ihre Feindschaft keinen besonderen Grund, sie können sich eben nicht leiden.

Tim kann Frau Sommer nicht leiden. Sie ist eine richtige Hexe, schimpft dauernd und petzt bei Tims Vater, wenn der Ball mal wieder in ihrem Garten gelandet ist. Tim ist überzeugt, dass Frau Sommer ihn auch nicht leiden kann.

Ich bin verfeindet mit ...

Mit wem bist du verfeindet? Male!

Ist es schön, Feinde zu haben? ....

Warum ist das so? ....

Was kannst du *nicht* zusammen mit Feinden tun? Male!

1.2 Mit meinen Freunden ist es schön

Unterrichtsplanung und -vorbereitung

Unterrichtsziel:

In dieser Unterrichtseinheit sollen die Kinder erkennen, wie reichhaltig die Palette der Dinge ist, die man mit Freunden erleben kann. Diese Unterrichtseinheit lehnt an „Freunde und Feinde“ an und baut den Aspekt Freundschaft aus.

Bezugsrahmen:

Die Unterrichtseinheit „Mit meinen Freunden ist es schön“ ist die zweite von vier Unterrichtseinheiten und wird im ersten Schuljahr behandelt.

Zeitrahmen:

1 Unterrichtsstunde

Hilfsmittel:

Vorbereitete Kopiervorlagen:
Arbeitsblatt 1: „Keine Freunde?“
Arbeitsblatt 2: „Das kann ich zusammen mit meinen Freunden tun (1)“
Arbeitsblatt 3: „Das kann ich zusammen mit meinen Freunden tun (2)“

Weiteres Material:
Scheren, Klebstoff und Malfarben

Verlauf der Unterrichtseinheit

Erste Unterrichtsstunde: Mit meinen Freunden

Einstieg:
Die Kinder setzen sich in einen Kreis. Der Lehrer erzählt ihnen von Georg, einem Jungen, der keine Kinder als Freunde hat:

„Georg ist fünf Jahre alt. Er hat keine Geschwister. Georg geht nicht in den Kindergarten, denn das Haus seiner Eltern liegt weit von der Schule entfernt. Weil das Haus von Georgs Eltern auch ziemlich weit vom Dorf entfernt ist, kann Georg nicht regelmäßig zu anderen Kindern gehen, um zu spielen. Georgs beste Freunde sind Wolle, der große Hund, und Siggi, die Katze.“

Verlauf der Unterrichtsstunde:
Der Text wird auf das Verständnis hin überprüft. Hierbei wird die wohnbedingte Situation, die den regelmäßigen Kontakt zu anderen Kindern unmöglich macht, erklärt.

Anschließend werden folgende Punkte besprochen:

- *Wie fühlt Georg sich wohl manchmal? Warum?*
- *Wünscht Georg sich auch andere Freunde als Wolle und Siggi? Warum?*
- *Weshalb wünscht Georg sich Freunde?*
- *Warum wünschen sich die Kinder in der Klasse Freunde?*
- *Wie wäre ihr Leben ohne Freunde?*

Zur letzten Frage schließen die Kinder für einen Augenblick die Augen und malen sich die Situation aus.

Dann gehen sie an ihre Plätze zurück und halten ihre Gedanken auf dem ersten Arbeitsblatt fest. Da die Schreibfähigkeit der Kinder noch gering ist, sollte der Lehrer die wenigen Wörter, welche zur Beantwortung der Fragen erforderlich sind, an die Tafel schreiben.

Anschließend setzen die Kinder sich wieder in einen Kreis und berichten im Rahmen der Erzählrunde, was sie alles gerne zusammen mit ihren Freunden tun. Dabei legt der Lehrer diesmal Wert darauf, dass nicht nur die lustigen und angenehmen Aspekte zur Sprache kommen, sondern auch die manchmal als negativ empfundenen Komponenten, wie beispielsweise Streit. Der Aspekt Streit wird in der Unterrichtseinheit „Regeln zum Streiten“ (2.4) eingehender behandelt werden.

Die Arbeitsblätter 2 und 3 („Das kann ich zusammen mit meinen Freunden tun“) dienen abschließend der individuellen Arbeit. Die Kinder schneiden hierzu diejenigen Kästchen aus, welche die Aspekte ihrer Freundschaften widerspiegeln und kleben sie auf ein (vom Lehrer vorbereitetes) Blatt mit der Überschrift: „Das kann ich zusammen mit ... tun“. (Die Überschrift sollte den verschiedenen Schülern angepasst werden.)

Keine Freunde?

Georg ist fünf Jahre alt. Er hat keine Geschwister. Georg geht nicht in den Kindergarten, denn das Haus seiner Eltern liegt weit von der Schule entfernt. Weil das Haus von Georgs Eltern auch ziemlich weit von den anderen Häusern im Dorf entfernt ist, kann Georg nicht regelmäßig zu anderen Kindern gehen, um zu spielen. Georgs beste Freunde sind Wolle, der große Hund, und Siggi, die Katze.

Wie heißen Georgs Freunde? ....

Sind Georgs Freunde Kinder? ....

Wünscht Georg sich auch andere Freunde? ....

Warum? ....

....

Hast du Freunde? ....

Wünschst du dir noch mehr Freunde? ....

Male deine Freunde!

Das kann ich zusammen mit meinen Freunden tun (1)

Schneide die Bilder aus, die zeigen, was du mit deinen Freunden zusammen tun kannst. Unten rechts ist noch etwas Platz. Male hier hinein, was fehlt!

Das kann ich zusammen mit meinen Freunden tun (2)

Schneide die Bilder aus, die zeigen, was du mit deinen Freunden zusammen tun kannst. Unten rechts ist noch etwas Platz. Male hier hinein, was fehlt!

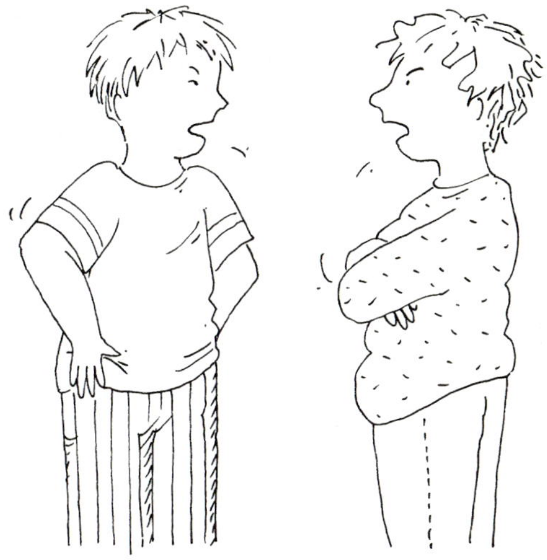

1.3 Angst, einen Freund zu verlieren

Unterrichtsplanung und -vorbereitung

Unterrichtsziel:

Manche Kinder leiden in Bezug auf ihre Freundschaften an Verlustängsten. Manchmal stecken besondere Umstände (etwa ein bevorstehender Umzug) dahinter, manchmal aber auch ein zu geringes Selbstvertrauen.
In dieser Unterrichtseinheit sollen die Kinder nun die Möglichkeit erhalten, über ihre Ängste zu reden und sich bewusst werden, dass auch andere Kinder manchmal Angst davor haben, einen Freund zu verlieren.

Bezugsrahmen:

Die Unterrichtseinheit „Angst, einen Freund zu verlieren" ist die dritte von vier Unterrichtseinheiten und wird im ersten Schuljahr behandelt.

Zeitrahmen:

1 Unterrichtsstunde

Hilfsmittel:

Vorbereitete Kopiervorlagen:
Arbeitsblatt 1: „Anna hat Angst"
Arbeitsblatt 2: „Christian zieht weg"
Arbeitsblatt 3: „Jens hat Angst"
Arbeitsblatt 4: „Jens ist wieder froh"

Weiteres Material:
Malfarben

Verlauf der Unterrichtseinheit

Erste Unterrichtsstunde: Einen Freund verlieren

Einstieg:
Die Kinder setzen sich in einen Kreis. Der Lehrer liest ihnen die Geschichten der ersten beiden Arbeitsblätter („Anna hat Angst" und „Christian zieht weg") vor:

„Anna hat große Angst. Sie hat Bauchschmerzen vor lauter Angst.
Annas allerbeste Freundin heißt Lina. Sie kennen sich schon sehr lange. Doch nun zieht Lina mit ihren Eltern in eine große Stadt, die ganz weit weg ist. Anna hat Angst, Lina nie mehr wieder zu sehen. Und sie hat Angst, dann ganz allein in der Schule und im Turnverein zu sein."

„Paul hat ein ganz ekliges Gefühl im Bauch vor lauter Angst.
Pauls bester Freund heißt Christian. Die beiden machen immer gemeinsam Hausaufgaben und durchstreifen anschließend die Gegend auf ihren Fahrrädern. Doch nun zieht Christian mit seiner Mutter nach Norwegen. Norwegen ist ganz weit weg. Paul glaubt, nie wieder mit Christian spielen zu können. Und er hat Angst, dann ganz allein im Musikverein zu sein, denn er und Christian sind die jüngsten Musiker dort."

Verlauf der Unterrichtsstunde:
Nachdem die Texte kurz auf das Verständnis hin überprüft worden sind, berichten die Kinder im Rahmen der Erzählrunde, ob sie auch schon einmal in einer ähnlichen Lage waren und wie sich die Situation und ihre Angst entwickelt haben.
Dann gehen die Kinder an ihre Plätze zurück und wählen diejenige der beiden Geschichten, die sie am meisten anspricht, um ihren persönlichen Standpunkt festzulegen (Arbeitsblatt 1 oder 2).

Anschließend setzen die Kinder sich wieder in die Erzählrunde. Der Lehrer liest ihnen den 1. Teil der Geschichte „Jens hat Angst" vor (Arbeitsblatt 3).

„Jens ist überzeugt, dass ihn keiner mehr lieb hat. Er hat Beweise dafür:
Plötzlich hat Mama keine Zeit mehr für ihn. Sie ist immer in Gedanken, vergisst, ihm ein neues Heft oder Malstifte zu kaufen und scheint ihm auch nicht mehr richtig zuzuhören.
Jens weiß gar nicht, warum Mama plötzlich so komisch ist. Er hat sie gefragt und hat nicht einmal eine Erklärung bekommen.
Papa ist mürrisch und scheint mit den Gedanken weit weg zu sein.
Jens fühlt sich unglücklich. Auch er kommt immer häufiger ins Grübeln und dann hört er niemandem mehr richtig zu.
Der Lehrer schimpft plötzlich jeden Tag mit ihm.
Und Florian, Jens Kumpel, hat auch keine Lust mehr, mit ihm zu spielen.
Jens ist traurig. Und er hat Angst."

Folgende Punkte werden, nachdem der Text auf das Verständnis hin überprüft worden ist, besprochen:

- *Warum glaubt Jens, dass seine Mutter ihn nicht mehr lieb hat?*
- *Hat Jens etwas getan, das seine Mutter verärgert hat?*
- *Warum glaubt Jens, dass keiner ihn mehr mag?*
- *Wie fühlt sich Jens?*
- *Warum hat er Angst?*
- *Weiter, je nach Reife der Schüler: Wäre auch eine andere Reaktion als Angst möglich, zum Beispiel Wut?*

Dann berichten die Kinder im Rahmen der Erzählrunde, ob auch sie schon einmal in einer ähnlichen Lage waren und wie sie reagiert haben. Danach malen die Kinder die Gefühle von Jens auf das dritte Arbeitsblatt.

Anschließend liest der Lehrer den zweiten Teil der Geschichte vor (Arbeitsblatt 4):

„Nun ist alles wieder gut. Mama hat ihrem Sohn erzählt, warum sie so besorgt war. Natürlich konnte Jens nichts dafür.
Mama war beim Arzt gewesen, weil sie befürchtete, eine schwere Krankheit zu haben. Aber nun hat sie das Ergebnis der Untersuchungen bekommen. Sie ist nicht sehr schlimm krank. Trotzdem muss sie für ein paar Tage in die Klinik, weil ein kleinerer Eingriff gemacht werden muss.
Jens wird solange bei Florian wohnen. Florian freut sich schon sehr darauf.
Papa benimmt sich auch wieder normal.
Jens ist wieder bei der Sache und der Lehrer schimpft nicht mehr.
Jens ist sehr froh."

Nachdem der Text kurz auf das Verständnis hin überprüft worden ist, werden folgende Fragen behandelt:

- *Wie fühlt sich Jens nun?*
- *Warum glauben die Kinder, dass Jens sich froh, erleichtert, ... fühlt?*

Abschließend sollen die Kinder die Gefühle, die zum zweiten Teil der Geschichte passen, malen (Arbeitsblatt 4).

Anna hat Angst

Anna hat große Angst. Sie hat Bauchschmerzen vor lauter Angst.
Annas allerbeste Freundin heißt Lina.
Sie kennen sich schon sehr lange.
Doch nun zieht Lina mit ihren Eltern in eine große Stadt, die ganz weit weg ist. Anna hat Angst, Lina nie mehr wieder zu sehen. Und sie hat Angst, dann ganz

....

in der Schule und im Turnverein zu sein.

Was denkst du:
Hat auch Lina Angst, ihre Freundin zu verlieren? ....

Warst du auch schon einmal in einer solchen Situation? ....

....

Male Anna! Wie fühlt sie sich, wenn Lina weggezogen ist?

Christian zieht weg

Paul hat ein ganz ekliges Gefühl im Bauch vor lauter Angst. Pauls bester Freund heißt Christian. Die beiden machen immer gemeinsam Hausaufgaben und durchstreifen anschließend die Gegend auf ihren Fahrrädern. Doch nun zieht Christian mit seiner Mutter nach Norwegen. Norwegen ist ganz weit weg. Paul glaubt, nie wieder mit Christian spielen zu können. Und er hat Angst, dann ganz .... im Musikverein zu sein, denn er und Christian sind die jüngsten Musiker dort.

Was denkst du:
Hat auch Christian Angst, seinen Freund zu verlieren? ....

Warst du auch schon einmal in einer solchen Situation? ....

....

Male Paul! Wie fühlt er sich, wenn Christian weggezogen ist?

Jens hat Angst

Jens ist überzeugt, dass ihn keiner mehr lieb hat. Er hat Beweise dafür:
Plötzlich hat Mama keine Zeit mehr für ihn. Sie ist immer in Gedanken, vergisst, ihm ein neues Heft oder Malstifte zu kaufen und scheint ihm auch nicht mehr richtig zuzuhören.
Jens weiß gar nicht, warum Mama plötzlich so komisch ist. Er hat sie gefragt und hat nicht einmal eine Erklärung bekommen.
Papa ist mürrisch und scheint mit den Gedanken weit weg zu sein.
Jens fühlt sich unglücklich. Auch er kommt immer häufiger ins Grübeln und dann hört er niemandem mehr richtig zu.
Der Lehrer schimpft plötzlich jeden Tag mit ihm.
Und Florian, Jens Kumpel, hat auch keine Lust mehr, mit ihm zu spielen.
Jens ist traurig. Und er hat Angst.

Male Jens! Wie sieht er aus?

Jens ist wieder froh

Nun ist alles wieder gut. Mama hat ihrem Sohn erzählt, warum sie so besorgt war. Natürlich konnte Jens nichts dafür.
Mama war beim Arzt gewesen, weil sie befürchtete, eine schwere Krankheit zu haben. Aber nun hat sie das Ergebnis der Untersuchungen bekommen. Sie ist nicht sehr schlimm krank. Trotzdem muss sie für ein paar Tage in die Klinik, weil ein kleinerer Eingriff gemacht werden muss. Jens wird solange bei Florian wohnen. Florian freut sich schon sehr darauf.
Papa benimmt sich auch wieder normal.
Jens ist wieder bei der Sache und der Lehrer schimpft nicht mehr.
Jens ist sehr froh.

Male Jens! Wie sieht er jetzt aus?

1.4 Wut im Bauch

Unterrichtsplanung und -vorbereitung

Unterrichtsziel:

In dieser Unterrichtseinheit sollen die Kinder sich mit dem Phänomen Wut auseinander setzen. Sie sollen sich bewusst werden, dass es sowohl normal als auch legitim ist, wütend zu sein und dass man lernen kann, mit seiner Wut umzugehen.

Bezugsrahmen:

Die Unterrichtseinheit „Wut im Bauch" ist die letzte von vier Unterrichtseinheiten und wird im ersten Schuljahr behandelt.

Zeitrahmen:

1 Unterrichtsstunde

Hilfsmittel:

Vorbereitete Kopiervorlagen:
Arbeitsblatt 1: „Felix wird wild (1)"
Arbeitsblatt 2: „Felix wird wild (2)"
Arbeitsblatt 3: „Wenn ich wütend bin"

Weiteres Material:
Malfarben

Verlauf der Unterrichtseinheit

Erste Unterrichtsstunde: Wut

Einstieg:
Der Lehrer liest den ersten Teil der Geschichte „Felix wird wild" vor (Arbeitsblatt 1).

Verlauf der Unterrichtsstunde:
Der Text wird kurz auf sein Verständnis hin überprüft, bevor die Kinder dann Hypothesen über den Fortgang der Geschichte aufstellen.

Anschließend wird der zweite Teil des Textes gelesen und besprochen (Arbeitsblatt 2).
Folgende Fragen werden zum Text gestellt:

- *Hatte Felix einen Grund wütend zu werden?*
- *Wird die Situation durch den Wutausbruch besser?*
- *Wie hätte Felix noch reagieren können?*
- *Was machen wohl die Eltern von Felix, wenn sie allein mit ihm sind?*

Danach erhalten die Kinder die Möglichkeit, ihre eigene Interpretation auf dem zweiten Arbeitsblatt festzuhalten.

Im Rahmen der Erzählrunde sollen sich die Kinder nun dazu äußern, ob und warum auch sie manchmal wütend werden. Welche Reaktionen löst die Wut der Kinder in ihrem Umfeld aus?
Der Aspekt des individuellen Ausdrucks der Wut der Kinder wird hier bewusst außer Acht gelassen, er wird lediglich auf den Arbeitsblättern individuell dokumentiert.

- *Wie reagieren die Erwachsenen auf die Wut der Kinder?*
- *Wie reagieren die anderen Kinder auf die Wut der Schüler? (Wenn die Gefahr besteht, dass sich das Gespräch auf ein Kind zu fokussieren droht, muss der Lehrer hier möglicherweise leitend eingreifen.)*
- *Wie würde man sich fühlen, wenn man seine Wut überhaupt nicht ausdrücken dürfte?*

Wichtig ist bei diesem Gespräch, dass der Lehrer nicht moralisiert, sondern moderiert. So haben die Kinder die Möglichkeit, zu berichten und ihren individuellen Standpunkt eventuell zu relativieren.

Diesen persönlichen Standpunkt können sie abschließend auf dem dritten Arbeitsblatt festhalten. Die von den Kindern einzusetzenden Wörter, wie „traurig, böse, wütend" usw., können dazu an die Tafel geschrieben werden.

Felix wird wild (1)

Felix ist ein recht lieber Junge. Doch wenn Felix wütend wird, dann wird er nicht einfach ein bisschen wütend: Felix wird wild!

Gestern war es wieder einmal so weit. Felix und seine Eltern waren eingeladen. Felix wollte eigentlich gar nicht mit, aber seine Oma hatte keine Zeit, sich um ihn zu kümmern.

Nach dem Essen musste Felix mit Sascha „Schwarzer Peter“ spielen. Sascha war der Sohn der Gastgeber und vier Jahre älter als Felix. Felix mochte „Schwarzer Peter“ nicht und Sascha mochte er auch nicht. Doch er spielte seinen Eltern zuliebe mit.

Doch der blöde Sascha tat nichts anderes als zu mogeln. Felix verlor jedes Spiel und hatte schon fünf schwarze Punkte im Gesicht.

Und nun teilte Sascha die Karten schon wieder aus. Felix war mit seiner Geduld am Ende. Er blickte Sascha an, als ob er ihn fressen wollte und schmiss alle Karten mit solcher Wucht zu Boden, dass sie unter dem Schrank landeten.

Sascha fischte sie wieder hervor. Felix’ Mama blickte ihren Sohn bittend an und der holte tief Luft und schluckte.

Nun grinste Sascha Felix an.

Felix stand auf und erklärte, dass er nicht mit einem Mogler spielen wollte.

„Ich mogele nicht“, erwiderte Sascha.

Jetzt begann Felix zu schreien: „Doch! Du mogelst, du alter Lügner!“

Male Felix!

Felix wird wild (2)

Sascha grinste Felix blöd an. Er ließ ihn spüren, dass er die Situation genoss.

Mit jedem Atemzug wurde Felix wütender. Seine Wangen wurden knallrot.

Sascha grinste immer noch.

Jetzt brach es aus Felix heraus. „Du elender Schurke!“, kreischte er. Und seine Stimme wurde dabei immer schriller. „Du Lügner! Du Betrüger!“

Dann warf er sich auf Sascha, drängte den langen Bengel in eine Ecke und trommelte mit beiden Fäusten auf ihn ein.

Felix’ Mutter stieß ihre Kaffeetasse um. Der Vater sprang auf und klemmte seinen Sohn unter den Arm.

Male eine Szene aus der Geschichte!

Felix’ Eltern hatten es plötzlich sehr eilig, sich zu verabschieden. Der Vater zog Felix an der Hand, die Mutter machte ein beklommenes Gesicht. Gemeinsam gingen sie zum Auto.

Was werden Felix’ Eltern nun wohl machen? Sind sie böse auf Felix?
Male zwei kleine Szenen, die erzählen, was Felix nun mit seinen Eltern erlebt!

Wenn ich wütend bin

**Wie siehst du aus, wenn du sehr wütend bist?
Male dich!**

Wenn ich sehr wütend bin, benehmen die anderen sich so:

Wenn ich sehr wütend bin, wird meine Mutter ....

Wenn ich sehr wütend bin, wird mein Vater ....

Wenn ich sehr wütend bin, wird mein Lehrer ....

Wenn ich sehr wütend bin, wird meine Lehrerin ....

Wenn ich sehr wütend bin, wird mein Freund ....

Wenn ich sehr wütend bin, wird meine Freundin ....

2.1 Gegner und Feinde

Unterrichtsplanung und -vorbereitung

Unterrichtsziel:

Nachdem im ersten Schuljahr die Begriffe „Freund“ und „Feind“ behandelt wurden, wird im zweiten Schuljahr der Akzent auf den Begriff „Gegner“ gelegt und die Differenzierung zwischen „Gegner“ und „Feind“ herausgearbeitet.

Bezugsrahmen:

Die Unterrichtseinheit „Gegner und Feinde“ ist die erste von fünf Unterrichtseinheiten und wird im zweiten Schuljahr behandelt.

Zeitrahmen:

2 Unterrichtsstunden

Hilfsmittel:

Vorbereitete Kopiervorlagen:
Arbeitsblatt 1: „Paul und sein Gegner“
Arbeitsblatt 2: „Annas Gegnerin“
Arbeitsblatt 3: „Meine Gegner“
Arbeitsblatt 4: „Pauls Feindschaft“
Arbeitsblatt 5: „Anna und Sandra“

Weiteres Material:
Malfarben

Verlauf der Unterrichtseinheit

Erste Unterrichtsstunde: Gegner

Einstieg:
Die Kinder setzen sich in einen Kreis. Der Lehrer liest ihnen folgende Geschichte vor:
„Paul spielte Basketball. Er spielte gerne und gut. Der Trainer und sein Vater sagten, er sei der beste Spieler der Mannschaft. Und Paul war sehr stolz darauf. Sie gewannen fast jedes Spiel, wenn Paul mitspielte.
Vor zwei Monaten nun ist Körbchen in die Mannschaft gekommen. Körbchen ist ein Spitzname. Eigentlich heißt Körbchen Karl, aber alle nennen ihn Körbchen, weil er so hervorragend Basketball spielt.
Seit Körbchen in der Mannschaft spielt, ist Pauls Welt aus den Fugen geraten. Für Paul bedeutet Gegner nun nicht mehr die gegnerische Mannschaft, sondern Körbchen. Nur noch Körbchen.“

Verlauf der Unterrichtsstunde:
Der Text wird kurz auf das Verständnis hin überprüft.
Hierbei kommen folgende Punkte zur Sprache:

- *Wie war Pauls Position in der Mannschaft?*
- *Wie spielt Körbchen?*
- *Warum empfindet Paul Körbchen als Gegner?*
- *Wer ist normalerweise Gegner einer Mannschaft?*
- *Wurde Paul für die eigene Mannschaft zum Gegner?*

Arbeitsblatt 1 dient der individuellen schriftlichen und zeichnerischen Arbeit.

Anschließend wird der Text „Annas Gegnerin“ gelesen:
„Anna ist eine sehr gute Tennisspielerin. Sie trainiert viel und Papa sagt, dass sie eines Tages vielleicht ein Profi werden kann, wenn sie so weitermacht.
Anna ist sehr stolz auf ihre Leistung. Sie ist die Beste in der ganzen Gegend.
Doch gestern hat sie gegen Sandra gespielt, ein Mädchen, das neu in der Stadt ist.

Anna hat das Spiel verloren und ist nun am Boden zerstört.
Annas Vater aber lächelt und sagt, sie müsse nun eben ein bisschen mehr trainieren. Dabei legt er aufmunternd den Arm um ihre Schultern."

Auch dieser Text wird kurz auf das Verständnis hin überprüft und die Bedeutungen des Begriffes „Gegner" werden verdeutlicht.

Anschließend gehen die Kinder an ihre Plätze zurück. Der Lehrer schreibt das Wort „Gegner" an die Tafel und fragt die Schüler, welches Wort sie darin wieder finden. Das Wort „gegen" wird unter die Lupe genommen und mit Beispielen illustriert, bevor dann wieder zum Begriff „Gegner" geleitet wird. Dabei wird unterschieden:

- Bereich Sport: Der Gegner ist eine andere Mannschaft (zum Beispiel eine gegnerische Fußballmannschaft) oder ein Einzelner, wenn Sportler gegen Sportler antritt (wie zum Beispiel beim Tennis),
- Bereich Leben: Ein Einzelner wird als Gegner empfunden, weil seine Präsenz oder sein Handeln den eigenen Interessen entgegensteht.

Zum Abschluss wird das zweite Arbeitsblatt bearbeitet.

Anmerkung:
In dieser Altersstufe wird die Definition des Begriffes „Gegner" nur mündlich ausgearbeitet und noch nicht schriftlich festgehalten.

Die ausführlichere Ausarbeitung erfolgt später im 3. Schuljahr in der Unterrichtseinheit „Den Freund zum Gegner".

Zweite Unterrichtsstunde: Feinde

Einstieg:
Die Kinder setzen sich in einen Kreis. Der erste Teil der Geschichte „Paul und sein Gegner" wird noch einmal vorgelesen und die beiden Bedeutungen des Begriffs „Gegner" werden in Erinnerung gebracht.

Verlauf der Unterrichtsstunde:
Im Rahmen der Erzählrunde berichten die Kinder nun über ihre Gegner.

- Haben sie Gegner?
- Im Sport?
- Außerhalb des Sports? Zum Beispiel in der Schule, im Klub oder Verein?
- Wie fühlen sie sich gegenüber ihren Gegnern und Gegnerinnen? Finden sie, dass es anregend ist und sie dadurch besser werden können, oder fühlen sie sich bedroht beziehungsweise gekränkt?

Die Schüler gehen anschließend an ihre Plätze zurück und halten das eben Erarbeitete auf Arbeitsblatt 3 („Meine Gegner") fest.

Die Kinder setzen sich wieder in die Erzählrunde. Der Lehrer liest ihnen nun den zweiten Teil der Geschichte „Paul und sein Gegner" vor:

„Paul fühlt sich von seinem ersten Platz verdrängt. Er ist beleidigt und gekränkt. Und er ist wütend auf Karl, den alle ‚Körbchen' nennen. ‚Nicht Körbchen – Würstchen!', denkt Paul immer wieder. ‚Ich werde es diesem Würstchen zeigen! Ich hasse dieses Würstchen!' Ja, Paul will es Karl zeigen.
Das macht Paul, wo er nur kann. In der Schule verpetzt er ihn. Er stellt ihm ein Bein, stößt das Malwasser von der Bank und hetzt seine Freunde gegen Karl auf.
Die beiden Jungen sind nun so richtig verfeindet. In der Mannschaft benimmt Paul sich auch nicht besser. Er spielt nicht ***mit*** *Karl, er spielt* ***gegen*** *ihn. Er wirft ihm den Ball nicht zu, er behindert Karl sogar und zupft an seinem Trikot. Und das macht Paul nicht nur im Training, sondern auch bei den Spielen!*
Pauls Mannschaft beginnt, ein Spiel nach dem anderen zu verlieren.
Zuerst verlieren sie nur knapp, aber bald spielen sie so schlecht, dass ihnen der Abstieg droht."

Anschließend werden auf folgende Fragen Antworten gesucht:

- *Warum bekämpft Paul Karl auch in der Schule?*
- *Welche Gefühle hegt Paul gegenüber Karl? Warum?*
- *Was bedeutet die Feindschaft der beiden Jungen für die Mannschaft?*
- *Bedeutet Gegner zu sein, auch automatisch verfeindet zu sein?*
- *Sind Paul und Karl nun Gegner oder Feinde?*

Der Unterschied zwischen „Gegner" und „Feind" wird im dritten Schuljahr in der Unterrichtseinheit „Den Freund zum Gegner" weiterentwickelt.

Dann liest der Lehrer den Arbeitstext „Anna und Sandra" vor:

„Anfangs war Anna gekränkt. Sie fühlte sich verunsichert. Aber ihr Vater machte ihr Mut. Er redete mit dem Trainer und mit Sandras Eltern.
Von dem Tag an musste Anna sehr oft gegen Sandra spielen.
Zuerst mochte Anna weder Sandra noch die Spiele gegen sie. Doch dann merkte sie, dass Sandra ein ganz nettes Mädchen war, und die beiden freundeten sich an. Jetzt sitzen sie in der Schule sogar nebeneinander.
So kam es, dass Anna und Sandra etwas schafften, das selbst Erwachsene kaum fertig bringen. Im Leben sind sie Freunde und auf dem Tennisfeld entschlossene Gegnerinnen. Dadurch sind beide ganz hervorragende Spielerinnen geworden."

Nachdem der Text kurz auf das Verständnis hin überprüft worden ist, werden folgende Fragen besprochen:

- *Muss man verfeindet sein, wenn man Gegner ist?*
- *Ist man ein besserer Gegner, wenn man verfeindet ist?*
- *Wenn man in einer bestimmten Situation Gegner ist, ist man dann automatisch immer Gegner? In allen Situationen?*
- *Welcher Unterschied besteht zwischen Gegnern und Feinden?*
- *Ist es möglich, Gegner und doch befreundet zu sein?*
- *Ist das wohl schwierig? Oder sogar ganz normal?*
- *Haben die Kinder in der Klasse schon einmal ähnliche Situationen erlebt?*

Abschließend legen die Schüler ihre persönliche Meinung auf Arbeitsblatt 5 („Anna und Sandra") fest.

Paul und sein Gegner

Paul spielte Basketball. Er spielte gerne und gut. Der Trainer und sein Vater sagten, er sei der beste Spieler der Mannschaft. Und Paul war sehr stolz darauf. Sie gewannen fast jedes Spiel, wenn Paul mitspielte.
Vor zwei Monaten nun ist Körbchen in die Mannschaft gekommen. Körbchen ist ein Spitzname. Eigentlich heißt Körbchen Karl, aber alle nennen ihn Körbchen, weil er so hervorragend Basketball spielt. Seit Körbchen in der Mannschaft spielt, ist Pauls Welt aus den Fugen geraten. Für Paul bedeutet Gegner nun nicht mehr die gegnerische Mannschaft, sondern Körbchen. Nur noch Körbchen.

Lies den Text noch einmal und beantworte dann folgende Fragen:

Worauf war Paul stolz?

....

Warum war Paul für die anderen Mannschaften ein schlimmer Gegner?

....

War Paul für die eigene Mannschaft ein Gegner?

....

Warum empfand Paul den neuen Spieler Körbchen als Gegner?

....

Male Paul und Karl!

Annas Gegnerin

Anna ist eine sehr gute Tennisspielerin. Sie trainiert viel und Papa sagt, dass sie eines Tages vielleicht ein Profi werden kann, wenn sie so weitermacht.
Anna ist sehr stolz auf ihre Leistung. Sie ist die Beste in der ganzen Gegend.
Doch gestern hat sie gegen Sandra gespielt, ein Mädchen, das neu in der Stadt ist.
Anna hat das Spiel verloren und ist nun am Boden zerstört.
Annas Vater aber lächelt und sagt, sie müsse nun eben ein bisschen mehr trainieren. Dabei legt er aufmunternd den Arm um ihre Schultern.

Lies den Text noch einmal und beantworte dann folgende Fragen:

Warum war Anna so stolz auf ihre Tennisspiele?

....

Was ist die neue Spielerin für Anna?

....

Was erhofft Annas Vater sich von seiner Tochter?

....

Wie reagiert Anna auf die Niederlage?

....

....

....

Was geschieht, als Anna gegen Sandra spielt?

....

Male Anna und Sandra!

Berens/Koob: Ethik in der Grundschule. Freunde – Gegner – Feinde

Meine Gegner

Hast du Gegner? Hier kannst du dir Notizen zu deinen Gegnern machen und sie malen!

Name deines schlimmsten Gegners oder deiner schlimmsten Gegnerin:

....

Warum oder worin ist er oder sie dein schlimmster Gegner oder deine schlimmste Gegnerin?

....

....

....

Wie fühlst du dich gegenüber deinem schlimmsten Gegner oder deiner schlimmsten Gegnerin?

....

....

....

Name deines zweiten Gegners oder deiner zweiten Gegnerin:

....

Warum oder worin ist er oder sie dein Gegner oder deine Gegnerin?

....

....

....

Wie fühlst du dich gegenüber deinem Gegner oder deiner Gegnerin?

....

....

....

Gegner und Gegnerinnen zu haben ist für mich ....

....

Male deinen oder deine Gegner!

Pauls Feindschaft

Paul fühlt sich von seinem ersten Platz verdrängt. Er ist beleidigt und gekränkt. Und er ist wütend auf Karl, den alle „Körbchen" nennen. „Nicht Körbchen – Würstchen!", denkt Paul immer wieder. „Ich werde es diesem Würstchen zeigen! Ich hasse dieses Würstchen!" Ja, Paul will es Karl zeigen. Das macht Paul, wo er nur kann. In der Schule verpetzt er ihn. Er stellt ihm ein Bein, stößt das Malwasser von der Bank und hetzt seine Freunde gegen Karl auf. Die beiden Jungen sind nun so richtig verfeindet. In der Mannschaft benimmt Paul sich auch nicht besser. Er spielt nicht mit Karl, er spielt gegen ihn. Er wirft ihm den Ball nicht zu, er behindert Karl sogar und zupft an seinem Trikot. Und das macht Paul nicht nur im Training, sondern auch bei den Spielen! Pauls Mannschaft beginnt, ein Spiel nach dem anderen zu verlieren. Zuerst verlieren sie nur knapp, aber bald spielen sie so schlecht, dass ihnen der Abstieg droht.

Welche Gefühle hegt Paul gegenüber Karl? Warum?

Warum bekämpft Paul Karl auch in der Schule?

Wie denkst du über Pauls Verhalten?

Würdest du auch so handeln?

Was bedeutet die Feindschaft der beiden Jungen für die Mannschaft?

Warst du auch schon einmal in einer ähnlichen Situation?

Wie würdest du dich weiterhin in Pauls Situation verhalten? Schreibe die Geschichte zu Ende, indem du Paul nach deinen Vorstellungen handeln lässt.

Anna und Sandra

Anfangs war Anna gekränkt. Sie fühlte sich verunsichert. Aber ihr Vater machte ihr Mut. Er redete mit dem Trainer und mit Sandras Eltern. Von dem Tag an musste Anna sehr oft gegen Sandra spielen. Zuerst mochte Anna weder Sandra noch die Spiele gegen sie. Doch dann merkte sie, dass Sandra ein ganz nettes Mädchen war, und die beiden freundeten sich an. Jetzt sitzen sie in der Schule sogar nebeneinander. So kam es, dass Anna und Sandra etwas schafften, das selbst Erwachsene kaum fertig bringen. Im Leben sind sie Freunde und auf dem Tennisfeld entschlossene Gegnerinnen. Dadurch sind beide ganz hervorragende Spielerinnen geworden.

Lies den Text und beantworte folgende Fragen:

Muss man verfeindet sein, wenn man Gegner ist?

....

Wenn man in einer bestimmten Situation Gegner ist, ist man dann automatisch immer Gegner? In allen Situationen?

....

Ist man ein besserer Gegner, wenn man verfeindet ist? Warum denkst du so?

....

Was ist der Unterschied zwischen Gegnern und Feinden?

....

Ist es möglich, Gegner und doch befreundet zu sein? Wie denkst du darüber? Ist das wohl schwierig? Oder sogar ganz normal?

....

Hast du schon einmal eine ähnliche Situation erlebt? Erzähle!

....

....

....

....

....

....

2.2 Streit, warum?

Unterrichtsplanung und -vorbereitung

Unterrichtsziel:

In dieser Unterrichtseinheit wird die Problematik des Streitens behandelt. Die Kinder sollen verschiedene Ursachen und Formen des Streitens erkennen und auf individueller Basis den konstruktiven Umgang mit dem Phänomen Streit ansatzweise lernen. Der Aspekt des konstruktiven Umgangs mit Streitsituationen wird in der folgenden Unterrichtseinheit „Konflikte“ weiter ausgebaut.

Bezugsrahmen:

Die Unterrichtseinheit „Streit, warum?“ ist die zweite von fünf Unterrichtseinheiten und wird im zweiten Schuljahr behandelt.

Zeitrahmen:

2 Unterrichtsstunden

Hilfsmittel:

Vorbereitete Kopiervorlagen:
Arbeitsblatt 1: „Suche eine Überschrift zu diesen Bildern!“
Arbeitsblatt 2: „So streite ich“
Arbeitsblatt 3: „So fühle ich mich, wenn ich streite“
Arbeitsblatt 4: „Warum streitet Anna dauernd?/ Florian ist wütend!“
Arbeitsblatt 5: „Deshalb streite ich“

Weiteres Material:
Malfarben

Verlauf der Unterrichtseinheit

Erste Unterrichtsstunde: Wenn ich streite

Einstieg:
Der Lehrer verteilt kommentarlos eine Kopie des ersten Arbeitsblattes an die Schüler. Die Kinder dürfen sich die Bilder einen Augenblick lang schweigend ansehen.
Anschließend werden die vier Bilder kommentiert:

- *Wer ist auf dem ersten Bild zu sehen?*
- *Was machen sie?*
- *Wer ist auf dem zweiten Bild zu sehen? Usw.*

Nachdem die verschiedenen Bilder besprochen wurden, sollen die Kinder eine Überschrift zu den Bildern suchen.

Verlauf der Unterrichtsstunde:
Es wird ein Kreis gebildet und die Schüler sollen die Fragen, die der Lehrer jetzt stellen wird, jeder für sich und im Stillen beantworten.

- *Streiten sich die Kinder oft?*
- *Mit Geschwistern?*
- *Mit anderen Schülern?*
- *Mit Freunden?*
- *Mit Mutter oder Vater?*
- *Mit Erwachsenen im Allgemeinen?*

Anschließend stellt der Lehrer im Rahmen der Erzählrunde weiterführende Fragen, auf die er diesmal eine Antwort von den Kindern erwartet:

- *Was für ein Gefühl ist es, sich mit jemandem zu streiten?*
- *Wer fängt meistens mit dem Streit an? Immer die anderen?*
- *Dauert ein Streit lange?*
- *Wie lange dauert er meistens?*
- *Wie wird der Streit ausgetragen (Wortgefecht, Schlägerei, Ignorieren usw.)?*

Nach diesem Gespräch gehen die Kinder an ihre Plätze zurück und legen abschließend ihre individuellen Streitsituationen fest. Hierzu dient Arbeitsblatt 2 („So streite ich“).

Zweite Unterrichtsstunde: Warum und wie streite ich?

Einstieg:
Die Kinder setzen sich in einen Kreis. Der Lehrer erinnert an das Thema der Unterrichtseinheit und fragt die Kinder, ob es ihnen gefällt, über das Thema Streit zu reden. Anschließend fragt er die Kinder, warum sie gerne beziehungsweise nicht gerne über Streit reden.

Verlauf der Unterrichtsstunde:
Die Klasse wendet sich den Gefühlen zu, die ein Streit auslöst. Folgende Fragen sollen dabei aufgeworfen werden:

- *Fühlt man sich besser nach einem Streit?*
- *Fühlt man sich schlechter?*
- *Hilft der Streit, eine Situation zu klären? (Hier sollen einige Beispiele ausgearbeitet werden, wobei die leitende Hilfe des Lehrers gefragt sein kann. Notfalls muss er mit einem Beispiel aufwarten.)*
- *Warum können manche so streiten, dass es eigentlich besser wird durch den Streit?*
- *Warum fühlen andere sich nur noch schlechter durch einen Streit? Woran liegt das wohl?*

Nach diesem Gespräch gehen die Kinder an ihre Plätze zurück und halten das eben Besprochene auf individueller Ebene fest (Arbeitsblatt 3: „So fühle ich mich, wenn ich streite“).

Nun wird die schwierige Frage nach dem Warum des Streitens aufgeworfen.
Hierzu werden vorbereitend die Texte „Warum streitet Anna dauernd?“ und „Florian ist wütend!“ gelesen und kurz auf das Verständnis hin überprüft (Arbeitsblatt 4).

Die Kinder setzen sich anschließend wieder in einen Kreis und machen sich stillschweigend über die Frage Gedanken: Warum streite ich?
Nach dem Moment des Schweigens versuchen die Kinder, ihre Gedanken im Rahmen der Erzählrunde mitzuteilen, wobei der Lehrer den Kurs wohl immer wieder korrigieren muss, indem er die Kinder darauf aufmerksam macht, dass man nach dem Warum des Streitens, nicht nach dem Verlauf fragt.

Abschließend halten die Kinder ihre Gedanken auf Arbeitsblatt 5 („Deshalb streite ich“) fest.

Suche eine Überschrift zu diesen Bildern!

So streite ich

Ich heiße .... Ich bin .... Jahre alt und gehe in die Klasse ....

Eigentlich streite ich

- ☐ oft.
- ☐ nicht oft.

Meistens

- ☐ fange ich mit dem Streit an.
- ☐ fängt der andere mit dem Streit an.

Ich streite

- ☐ nur mit anderen Kindern.
- ☐ mit Kindern und Erwachsenen.
- ☐ nur mit Erwachsenen.
- ☐ ....

Ein Streit mit mir dauert meistens

.... Minuten.

.... Stunden.

.... Tage.

.... Wochen.

(Hier kannst du z. B. die Wörter „viele, wenige, ein paar" verwenden.)

Wenn ich mit anderen Kindern streite,

- ☐ raufen wir miteinander.
- ☐ schlagen wir uns.
- ☐ beschimpfen wir uns.
- ☐ sprechen wir nicht mehr miteinander.
- ☐ spielen wir nicht mehr zusammen.
- ☐ ....

Wenn ich mit einem Erwachsenen streite,

- ☐ ist es anders als mit Kindern.
- ☐ ist es genauso wie mit Kindern.
- ☐ ....

So fühle ich mich, wenn ich streite

Lies den Text und kreuze an, was für dich zutrifft! Einige Sätze müssen vervollständigt werden!

Wenn ich mit jemandem Streit habe, fühle ich mich

- ☐ schlecht.
- ☐ wütend.
- ☐ stark.
- ☐ traurig.
- ☐ allein.

Ich habe dann Lust ....

Streiten hilft mir ....

Streiten hilft mir nicht ....

Die Versöhnung

- ☐ Es gibt keine Versöhnung mehr.
- ☐ Ich bemühe mich um eine Versöhnung.
- ☐ Der andere bemüht sich um eine Versöhnung.
- ☐ Keiner bemüht sich. Die Versöhnung kommt einfach so.

Wenn der Streit vorbei ist, fühle ich mich

- ☐ gut.
- ☐ zufrieden.
- ☐ glücklich.
- ☐ befreit.
- ☐ traurig.
- ☐ müde.
- ☐ ängstlich.

Warum streitet Anna dauernd?

Karin sagt, Anna sei eine zickige Hexe.
Anna streitet immer. Mit jedem. Sogar mit der Lehrerin legt sie sich manchmal an. Mit ihrer einzigen Freundin Sonja streitet sie auch. Aber Sonja macht das nicht viel aus. Sie mag Anna trotzdem.

Ihr fragt euch, warum Anna so blöd ist, dauernd mit jedem zu streiten und sich alle Freunde zu verleiden? Nun, Anna streitet, weil sie schlecht gelaunt ist. Jeden Morgen streiten sich ihre Eltern, jeden Morgen muss sie zum Frühstück ein Glas kalte Milch hinunterschlucken und jeden Morgen kommt sie deshalb mit Bauchschmerzen zur Schule. Wenn dann jemand nur zu dicht an ihr vorbeigeht, fängt sie an zu keifen. So sorgt sie jeden Morgen für Streit, der dann den ganzen Schultag anhält.
Sonja weiß, dass Anna eigentlich ganz lieb ist. Anna kann sogar richtig süß sein.

Florian ist wütend!

Florian ist wütend. Paul hat behauptet, Florian habe seinen Fußball geklaut. Paul hat das überall erzählt, auf dem ganzen Spielplatz.
Und dabei hat Florian noch nie etwas geklaut!
Paul hat seinen Fußball wohl einfach verloren. Oder ein anderer hat ihn genommen. Florian ist beleidigt. Und Florian ist wütend.
Er wird immer wütender. Nun rennt er auf Paul zu und schreit: „Ich habe deinen Fußball nicht geklaut und ich weiß nicht, wo dein blöder Ball überhaupt ist!“ Mit diesen Worten prügelt er auf Paul ein.
Bernd, Florians großer Bruder, greift ein. Er sagt allen, dass sie nach dem Ball suchen sollen.

Die Jungs finden den Fußball schließlich in einer Hecke.

Deshalb streite ich

Lies den Text und kreuze an, was für dich zutrifft!

Ich heiße: ....

Ich streite:

- ☐ nicht jeden Tag.
- ☐ jeden Tag.
- ☐ mehrmals am Tag.

Wenn ich mich mit jemandem streite, ist es,

- ☐ weil ich schlecht gelaunt bin.
- ☐ weil der andere mir auf die Nerven geht.
- ☐ weil ich jemanden ärgern möchte.
- ☐ weil ich etwas Besonderes haben möchte.
- ☐ weil ich wütend bin.
- ☐ weil ich Recht haben möchte.
- ☐ weil ich etwas tun möchte, das man mir verbietet.
- ☐ weil jemand mich gekränkt hat.
- ☐ weil jemand mir Unrecht getan hat.
- ☐ weil einer eine Lüge über mich erzählt hat.
- ☐ weil einer eine Lüge über meinen Freund oder meine Freundin erzählt hat.
- ☐ um mich gegen etwas anderes zu wehren.
- ☐ ....
- ☐ ....
- ☐ ....

2.3 Konflikte

Unterrichtsplanung und -vorbereitung

Unterrichtsziel:

Nur selten verfügen die Kinder dieser Altersstufe über genügend Mittel, Konflikte zu bewältigen. Diese Unterrichtseinheit soll den Kindern helfen, selbst Wege zu suchen, ihre alltäglichen Konflikte zu lösen.
Zur besseren Übersicht wird hier unterschieden zwischen

- Konflikten zwischen Kindern und
- Konflikten zwischen Kindern und Erwachsenen.

Diese Unterrichtseinheit versteht sich des Weiteren nicht nur als geschlossene Einheit, sondern auch als eine Serie von Anregungen, welche bei größeren Konflikten punktuell angewendet werden können.

Bezugsrahmen:

Die Unterrichtseinheit „Konflikte" ist die dritte von fünf Unterrichtseinheiten und wird im zweiten Schuljahr behandelt.

Zeitrahmen:

2 Unterrichtsstunden

Hilfsmittel:

Vorbereitete Kopiervorlagen:
Arbeitsblatt 1: „Streit mit anderen Kindern"
Arbeitsblatt 2: „Streit mit Erwachsenen"

Weiteres Material:
Malfarben

Verlauf der Unterrichtseinheit

Erste Unterrichtsstunde: Streit mit anderen Kindern

Einstieg:
Die Kinder setzen sich in einen Kreis. Der Lehrer greift nun einen Konflikt auf, der sich gerade zwischen den Schülern abspielt.

Verlauf der Unterrichtsstunde:
Eines der Kinder soll hierzu den Konflikt aus seiner Sicht schildern und wird damit erwartungsgemäß auf heftigen Widerstand bei der „gegnerischen" Seite stoßen. Die Kinder, die unterbrechen möchten, um ihre Version zu erzählen, werden vom Lehrer aufgefordert, sich in Geduld zu üben und das erste Kind ausreden zu lassen. Anschließend darf eines der Kinder, welches eine andere Position vertritt, seine Version der Geschichte erzählen.
Diejenigen Kinder, die mit dem Erzählen an der Reihe sind, sollen dies ruhig und höflich tun, sonst muss der Lehrer mahnend eingreifen. Muss der Lehrer mehrmals einschreiten, wird einem anderen Kind das Wort erteilt. (Die Kinder sollen durch diese Maßnahme lernen, sich mit einiger Beherrschtheit auszudrücken.)

Nachdem nun zwei oder drei Versionen gehört wurden, werden, ohne über die Konflikte zu richten, die Reaktionen der Kinder analysiert:

- *Wer hat den Konflikt ausgelöst?*
- *Wie hat der Betreffende den Konflikt ausgelöst?*
- *Wie hat der andere (oder wie haben die anderen) reagiert?*
- *War die Reaktion der ursprünglichen Aktion angemessen?*
- *War sie zu schwach?*
- *War sie zu stark?*
- *Wie hat der andere wiederum auf diese Reaktion geantwortet?*
- *Was hat diese Antwort wiederum bewirkt?*
- *Und schließlich:* ***Wäre der Konflikt auch anders zu regeln gewesen?***

Nun versuchen die Kinder unter Leitung des Lehrers, ein paar Verhaltensregeln **für die Schule**

oder ihre Klasse in Bezug auf Streitigkeiten aufzustellen.
Dies wird in erster Linie im Klassenverbund gemacht. Der Lehrer hält die Regeln, die von den Kindern ausgearbeitet werden, schriftlich fest. Sie können später als Poster im Klassenzimmer aufgehängt oder, als Merkzettel gestaltet, in die Ordner der Kinder eingefügt werden.

Anschließend gehen die Kinder an ihre Plätze zurück und versuchen anhand des ersten Arbeitsblattes **persönliche Verhaltensregeln** für den Fall eines Konflikts aufzustellen. Der Lehrer präzisiert, dass die Verhaltensregeln nicht identisch mit den Klassenregeln sein müssen. In der Tat variieren die persönlichen Verhaltensregeln je nach Alter, Charakter, Statur und Lebensbedingungen eines jeden Kindes.

Zweite Unterrichtsstunde: Streit mit Erwachsenen

Einstieg:

Die Kinder setzen sich in einen Kreis. Der Lehrer liest ihnen folgenden Arbeitstext vor:
„Daniel hat dauernd Streit mit seinem Lehrer.
Das kommt meistens so: Daniel tuschelt mit seinem Banknachbarn oder spielt so lange mit seinem Bleistift herum, bis dieser auf dem Boden landet.
Dann weist der Lehrer Daniel zurecht.
Daniel fühlt sich ganz unschuldig (oder nur ein bisschen schuldig) und mault zurück.
Der Lehrer weist ihn abermals zurecht. Diesmal sagt er Daniel, er solle ihn nicht anmaulen.
Nun schreit Daniel den Lehrer an, er habe nichts Unrechtes getan und es sei sowieso immer alles seine Schuld und eigentlich könne er für gar nichts.
Der Lehrer wirft Daniel einen bitterbösen Blick zu.
Daniel ist verletzt. Er setzt sich mit verschränkten Armen in seine Bank und arbeitet die ganze Stunde nicht mehr mit.
Der Lehrer gibt ihm eine zusätzliche Aufgabe für zu Hause.
Nun ist der ganze Tag endgültig verdorben. Daniel ist schlecht gelaunt und fängt mit jedem Streit an, der ihm in die Quere kommt."

Verlauf der Unterrichtsstunde:

Der Hergang des Konflikts wird noch einmal gemeinsam besprochen. Hierbei kommen u.a. folgende Punkte zur Sprache:

- *Welche Reaktion folgt auf was?*
- *Kommt es zu einer Eskalation des Konflikts? Warum?*

Der Vorgang wird anschließend in einem Rollenspiel veranschaulicht und vertieft.

Danach werden gemeinsam ein paar Verhaltensregeln für die Konflikte der Kinder mit Erwachsenen ausgearbeitet. Der Lehrer macht hierbei keine Notizen.

Abschließend halten die Kinder ihre individuellen Regeln zur Konfliktbewältigung auf dem zweiten Arbeitsblatt fest.

Streit mit anderen Kindern

Ich heiße: ……………………

Als mir mal jemand auf die Nerven ging, habe ich den anderen	Und das hat dann der andere getan:
☐ angeschrien.	……………
☐ beleidigt.	……………
☐ angerempelt.	……………
☐ gepiesackt.	……………
☐ geschlagen.	……………
☐ …………… .	……………

Wenn ich wütend bin oder jemand mir auf die Nerven geht, wäre es wohl besser, wenn ich …………………… .

Wenn der andere anfängt und	verhalte ich mich meistens so:
mich anschreit,	Ich …………… .
mir den Vogel zeigt,	……………
mich schubst,	……………
mich schlägt,	……………
…………… .	……………

Bist du zufrieden mit der Art und Weise, wie die Streitigkeiten geregelt werden? ☐ Ja ☐ Nein

Warum? ……………………

Warum nicht? ……………………

Wenn der andere anfängt, sollte ich mich besser so verhalten:

Der andere schnauzt mich an. Ich …………… .

Der andere schlägt mich. Ich …………… .

Der andere …………… . Ich …………… .

Streit mit Erwachsenen

Ich heiße: ....

Kreuze an, was passt! Wenn noch etwas fehlt, kannst du es hinzuschreiben!

Streit mit Erwachsenen habe ich

- ☐ oft.
- ☐ nicht oft.
- ☐ nie.

Ich bekomme Streit mit Erwachsenen,

- ☐ weil ich ihnen auf die Nerven gehe.
- ☐ weil sie mir auf die Nerven gehen.

Wenn ich Streit mit Erwachsenen habe,

- ☐ schreie ich sie an.
- ☐ werde ich möglichst frech.
- ☐ schlage ich wie wild um mich.
- ☐ sage ich kein Wort mehr.
- ☐ fange ich gleich an zu weinen.
- ☐ versuche ich eine Entschuldigung zu finden, auch wenn es keine gibt.
- ☐ vertrete ich höflich meinen Standpunkt und gebe nach.
- ☐ vertrete ich höflich meinen Standpunkt und gebe nicht nach.
- ☐ vertrete ich höflich meinen Standpunkt und wir versuchen gemeinsam eine Lösung zu finden. Jeder gibt also ein wenig nach.
- ☐ ....
- ☐ ....

Wenn ich Streit mit Erwachsenen habe, wäre es besser, wenn ich

....

....

....

2.4 Regeln zum Streiten

Unterrichtsplanung und -vorbereitung

Unterrichtsziel:

Streit unter Kindern ist normal, notwendig und Teil ihrer Entwicklung. Da sie aber über die gängigen Vorbilder, welche u.a. in den Medien vermittelt werden, hinauswachsen sollten, müssen sie lernen, angemessen mit der Aggressivität beziehungsweise der eigenen Aggression umzugehen.
In dieser Unterrichtseinheit sollen die Kinder mithilfe des Lehrers Regeln aufstellen, wie sie mit anderen Kindern streiten können, Wut, Ärger und Unmut also ausleben können, ohne zerstörerisch zu sein.

Bezugsrahmen:

Die Unterrichtseinheit „Regeln zum Streiten" ist die vorletzte von fünf Unterrichtseinheiten und wird im zweiten Schuljahr behandelt.

Zeitrahmen:

1 Unterrichtsstunde

Hilfsmittel:

Vorbereitete Kopiervorlagen:
Für Mädchen:
Arbeitsblatt 1a: „So verhalte ich mich"
Arbeitsblatt 1b: „Viele Möglichkeiten"

Für Jungen:
Arbeitsblatt 2a: „So verhalte ich mich"
Arbeitsblatt 2b: „Viele Möglichkeiten"

Weiteres Material:
Scheren und Klebstoff

Verlauf der Unterrichtseinheit

Erste Unterrichtsstunde: Regeln zum Streiten aufstellen

Einstieg:
Die Kinder sollen einen Streit malen. Weitere Hinweise gibt ihnen der Lehrer nicht.

Verlauf der Unterrichtsstunde:
Anschließend setzen die Kinder sich mit ihren Zeichnungen in einen Kreis. Der Lehrer trägt einem der Kinder auf, über den Streit, den es gemalt hat, zu erzählen. Folgende Punkte sollten hierbei zur Sprache kommen:

- *Warum habt ihr gestritten?*
- *Wer hat mit dem Streit angefangen?*
- *Wie hast du/wie hat der andere mit dem Streit angefangen? Hast du den anderen beschuldigt, angeschrien, geschlagen? Hat er dich beschuldigt, angeschrien, geschlagen ...?*
- *Wie hast du/wie hat er reagiert? Warum?*
- *Hättest du/hätte er auch anders reagieren können?*

Hauptpunkt ist bei diesem Gespräch der Aspekt der Reaktion auf eine Aggression. Weiß das Kind mit einer Aggression beziehungsweise der eigenen Aggressivität umzugehen? Die kleinen Reibereien und Gesten, wie z.B. anrempeln, Beinchen stellen, die Mütze vom Kopf ziehen, sollten hier nicht außer Acht gelassen werden. Kann das Kind angemessen reagieren, d.h. sich verteidigen, ohne übertrieben zu reagieren?
Nachdem der Lehrer mehrere Situationen hervorgehoben hat, werden nun gemeinsam Regeln zum Streiten aufgestellt. Diese Regeln können etwa so lauten:

- Mit gleichen Mitteln antworten; d.h. Worte gegen Worte und nicht Schläge gegen Worte einsetzen. (Gegebenenfalls sollte das Kind ermutigt werden, sich verbal zu verteidigen.)
- Wenn man sich schon schlagen muss, dann niemals so, dass man den anderen verletzt. Kopf und Rumpf sind also tabu!

Die Arbeitsblätter 1a und 1b (für die Mädchen) bzw. 2a und 2b (für die Jungen) dienen abschließend der individuellen Arbeit.

Anmerkungen:

1) Es ist an dieser Stelle nicht möglich, feste Regeln oder Richtlinien für die Streitregelung unter den Kindern anzugeben, da diese Regelungen weitgehend von der jeweiligen Situation abhängen werden und sollen. Wichtig ist hier vor allem, dass die Kinder lernen, dass es Regelungen geben kann. Wichtig ist allerdings auch, dass die Richtlinien so geartet sind, dass sie von den Kindern als positiv empfunden werden. Es geht schließlich nicht um die Eindämmung der Aggressivität, sondern lediglich um einen korrekten Umgang mit derselben.
2) Falls erforderlich kann sich diese Unterrichtseinheit über mehrere Unterrichtsstunden hinziehen. Sie kann auch an eine andere Unterrichtsstunde angehängt werden. Klassenereignisse, kurze Lesetexte und Bilder können hierzu den Anstoß geben.

So verhalte ich mich

Lies die Texte und schau dir die Bilder an! Klebe ein Bild daneben, das zeigt, wie du dich verhältst!

Ein anderes Kind beschuldigt dich, seinen Farbstift genommen und kaputtgemacht zu haben.

Ein anderes Kind beschimpft dich.

Ein anderes Kind schlägt dich.

Viele Möglichkeiten

Schneide die Bilder aus, die zu den Zeichnungen auf dem Arbeitsblatt passen!

So verhalte ich mich

Lies die Texte und schau dir die Bilder an! Klebe ein Bild daneben, das zeigt, wie du dich verhältst!

Ein anderes Kind beschuldigt dich, seinen Farbstift genommen und kaputtgemacht zu haben.

Ein anderes Kind beschimpft dich.

Ein anderes Kind schlägt dich.

Viele Möglichkeiten

Schneide die Bilder aus, die zu den Zeichnungen auf dem Arbeitsblatt passen!

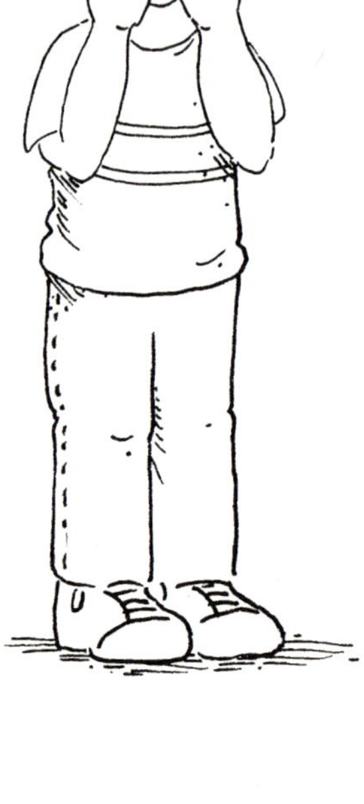

2.5 Sei kein Frosch!

Unterrichtsplanung und -vorbereitung

Unterrichtsziel:

In dieser Unterrichtseinheit werden Haltungen gegenüber sich selbst und gegenüber anderen thematisiert, wobei vor allem Freundschaft, Feindschaft und Gegnerschaft zur Sprache kommen.

Bezugsrahmen:

Dies ist die letzte der fünf Unterrichtseinheiten, die in der zweiten Altersstufe vorgesehen sind.

Zeitrahmen:

1 Unterrichtsstunde

Hilfsmittel:

Vorbereitete Kopiervorlage:
Arbeitsblatt 1: „Frösche“

Weiteres Material:
Malutensilien und Scheren

Verlauf der Unterrichtseinheit

Erste Unterrichtsstunde: Frosch oder nicht, das ist hier die Frage!

Einstieg:
Der Lehrer teilt den Schülern mit, dass sie sich heute alle zusammen mit Fröschen beschäftigen werden. Und zwar soll das auf dieselbe Art geschehen, wie es bei der Behandlung der Unterrichtseinheiten „Jetzt wird nachgedacht“ und „Grübel, grübel“ der Fall war (vgl. die Arbeitshefte „So bin ich“ und „Das bist du“ aus dieser Reihe).

Verlauf der Unterrichtsstunde:
Die Schüler setzen sich also im Kreis auf den Boden, die Gesichter einander zugewandt. Der Lehrer sitzt im Kreis der Schüler. Alternativ hierzu kann die Klasse auch um einen Arbeitstisch herum Platz nehmen.

Grundsätzlich sollen die bekannten Regeln während des nun folgenden Gesprächs beachtet werden:

- Niemand wird unterbrochen.
- Jeder hört zu.
- Die Schüler bemühen sich, Schlussfolgerungen zu ziehen und auf das aufzubauen, was zuvor gesagt wurde.
- Der Lehrer ist Zuhörer und Mitdenker, er leitet behutsam durch das Gespräch.
- Der Lehrer achtet darauf, dass alle Beiträge auf ihre Stichhaltigkeit hin geprüft werden.

Heute wird aber auch ein neues Element in die Diskussionsordnung eingeführt:

- Die Schüler lernen, eine faire Besprechung ihrer eigenen Anschauungen zuzulassen und ihre Ansichten gegebenenfalls zu ändern.

Jedes Kind erhält eine Kopie des Arbeitsblattes mit den Fröschen.
Die Schüler sagen, was sie sehen: vier genau gleiche Froschsilhouetten.
Gefällt ihnen diese Gleichheit?

Sie sollen nun jeder für sich eine Silhouette auswählen, die sie sein möchten. Mit dem Bleistift wird ein kleines Zeichen neben diesen Frosch gemacht.

- *Warum hat jedes Kind sich für eben jenes Bild entschieden?*
- *Möchten die Kinder ein Frosch sein, wie die anderen auch?*

Die Antworten auf diese Frage werden hinterfragt und auf ihre Motive hin besprochen.

Wollen die Kinder farblos sein? Wollen sie ein farbloser Frosch sein?
Sie dürfen nun ihren Ich-Frosch mit einer hellen (!) Farbe ausmalen.
Gefallen sie sich nun besser als Frosch? Warum?
Jedes Kind schreibt nun entweder „Ich" oder seinen Namen in den Ich-Frosch.
Wenn die Schüler nicht gerade ein Frosch sind, sondern Kinder: möchten sie sich dann auch von den Mitschülern unterscheiden? Warum? Auf welche Art und Weise geschieht das?

Jetzt sollen die Schüler die drei übrigen Frösche mit derselben hellen Farbe ausmalen wie den Ich-Frosch.
Wenn dabei Protest laut wird, so sollen die Schüler sich äußern und (mit Begründung) sagen, warum sie sich sträuben, dem Wunsch des Lehrers nachzukommen.

- *Haben die Kinder vielleicht etwas dagegen einzuwenden, dass sie nun wieder zu Jedermanns-Fröschen werden?*
- *Gibt es auch Schüler, die sich nicht dagegen sträuben?*
- *Warum sind die einen dafür und die anderen dagegen?*
- *Auch wenn alle Frösche sich wieder gleichen, gibt es keine andere Möglichkeit zu zeigen, dass doch jeder anders ist?*

Am besten kann man das doch ausprobieren: Die Schüler kommen dem Wunsch des Lehrers nach und malen die drei übrigen Frösche aus.

Was sagen die Kinder nun zu den vier Fröschen?
Möchten sie Änderungen anbringen? Warum?
Sie erhalten die Erlaubnis, weitere Farben aufzutragen; der Lehrer schlägt vor, die Frösche mit bunten Streifen und Flecken zu versehen.
Jedes Kind erklärt, warum es gerade seine und nicht andere Muster aussucht.

Möchten die Kinder den Fröschen Namen geben?
Sie begründen, warum sie das tun wollen (oder nicht) und weshalb sie eben diese Namen gewählt haben.
Was machen die Frösche wohl: springen, quaken, spielen, kriechen, ...?
Den Vorstellungen der Kinder werden keine Grenzen gesetzt und auch Fähigkeiten, wie Bälle werfen, schießen, Feuer spucken, fliegen usw., dürfen den Fröschen zugesprochen werden.

Dann kommen die charakterlichen Eigenschaften der Frösche zur Sprache: Sind sie gut oder böse, lieb oder eklig, freundlich oder feindselig, versöhnlich oder streitsüchtig, entschlossen oder wankelmütig usw.?

- *Sind alle Frösche gleich oder verschieden?*
- *Würden die Kinder es vorziehen, wenn alle gleich wären? Warum?*
- *Oder mögen sie es lieber, dass alle verschieden sind? Warum?*
- *Wäre die Froschwelt nicht langweilig, wenn alle Frösche sich genau gleichen würden?*
- *Wäre das in der Menschenwelt nicht auch so?*
- *Ist die Welt schöner, wenn keine zwei Wesen sich genau gleichen? Ist die Welt dadurch reicher oder ärmer?*

Jedes Kind sagt nun, welchen Frosch es am liebsten, weniger gern und vielleicht auch gar nicht mag. Es erklärt auch, warum das so ist.

Dann werden die Frösche ausgeschnitten. Die Kinder legen sie vor sich hin und ordnen sie so an, wie es ihnen am besten gefällt.
Warum wählen sie diese Anordnung?

Nun wird der Ich-Frosch in die Mitte zwischen die drei anderen Frösche gelegt (wenn dies nicht sowieso schon geschehen ist). Den anderen Tieren werden um den Ich-Frosch herum Plätze zugewiesen.
Sind nun alle drei Frösche vom Ich-Frosch gleich weit entfernt? Blicken sie alle drei den Ich-Frosch an? Wem dreht der Ich-Frosch den Rücken zu?

Jeder Schüler erklärt, warum er seine Anordnung der Frösche gewählt hat.
Hat der Ich-Frosch unter seinen drei Mitfröschen einen Freund, einen Gegner, einen Feind?
Wie benehmen die Frösche sich, wenn sie Freunde, Gegner, Feinde sind?
Wie benehmen Kinder sich untereinander, wenn sie Freunde, Gegner, Feinde sind?

Was bedeutet es, wenn Frösche einander den Rücken zukehren? Können sie sich dann noch ansehen? Wie ist das in einem solchen Fall mit Kindern?

Wenn man sich nicht mehr sieht, ist das ein bisschen so, als ob der andere nicht mehr da wäre? Wünscht man sich das manchmal von jemandem (von einem Frosch/einem Kind)?
Sagen zwei Frösche, die sich nicht mögen, vielleicht zueinander: „Geh mir aus den Augen!"?

Wie fühlen richtige Frösche sich an? Kalt und glitschig?
Was bedeutet eigentlich der Ausdruck: „Sei kein Frosch!"?
Wenn zwei Frösche sich mögen, sagt dann vielleicht der eine zum anderen: „Sei doch kein Frosch!"?

Die vier Zeichnungen werden aufbewahrt, da sie noch einmal bei der Behandlung der Unterrichtseinheit „Der, die oder das Frosch?" innerhalb des Schwerpunktes „Mädchen und Jungen" benutzt werden.

Frösche

3.1 Den Freund zum Gegner

Unterrichtsplanung und -vorbereitung

Unterrichtsziel:

Dass ein Freund in einer sachlichen Auseinandersetzung zum Gegner werden kann, soll in dieser Unterrichtseinheit verdeutlicht werden. Dabei wird zugleich klar, dass es einen relevanten Unterschied gibt zwischen einem auf die Person bezogenen Feind und einem Gegner in der Sache.

Bezugsrahmen:

Dies ist die erste der vier Unterrichtseinheiten, die für die dritte Klasse angeboten werden.

Zeitrahmen:

2 Unterrichtsstunden

Hilfsmittel:

Vorbereitete Kopiervorlagen:
Arbeitsblatt 1: „Anna und Sandra – Freundinnen und Gegnerinnen?“
Arbeitsblatt 2: „Paul und Körbchen – Gegner oder Feinde?“
Arbeitsblatt 3: „Gegner oder Feind?“

Verlauf der Unterrichtseinheit

Erste Unterrichtsstunde: Die Freundin zur Gegnerin

Einstieg:
Der Lehrer ruft den Schülern die Unterrichtseinheit „Gegner und Feinde“ aus der zweiten Klasse ins Gedächtnis. Wer weiß noch etwas hiervon zu erzählen?

Verlauf der Unterrichtsstunde:
Das Gespräch kommt auf die beiden Tennisspielerinnen Anna und Sandra. Die Klasse erinnert sich daran, wie gut Anna spielte. Als dann jedoch Sandra auftauchte, musste Anna eine Niederlage einstecken. Sandra wurde zur Gegnerin auf dem Tennisfeld.
Wurde sie auch zur Feindin?
Oder wurde sie zur ...?
Kann man also zur gleichen Zeit Freund oder Freundin und trotzdem Gegner oder Gegnerin sein?
Wenn zwei Kinder Tennis spielen, spielen sie dann mit- oder gegeneinander? Erinnern die Schüler sich noch daran, welches Wort sie in „Gegner“ wieder finden?
Der Lehrer teilt den Schülern nun mit, dass Anna und Sandra tatsächlich sehr gute Freundinnen geworden sind und jeden Tag auf dem Tennisplatz trainiert haben.
Aber eines Tages wurde die Freundschaft auf eine harte Probe gestellt. Der Lehrer liest der Klasse den Text des ersten Arbeitsblattes vor. Dabei bleibt es dem Lehrer überlassen, ob er ihn in einem Stück lesen will oder aber vor dem Abschnitt, der mit „Anna überlegte fieberhaft“ beginnt, unterbricht und die Schüler selbst einen Schluss finden lässt. In diesem Fall besteht die Möglichkeit, den Schluss individuell niederschreiben zu lassen, die Arbeiten dann vorzulesen und gemeinsam zu besprechen.

Nachdem der ganze Text zu Ende gelesen worden ist, erhalten die Schüler eine Kopie davon und er wird noch ein- oder zweimal gemeinsam gelesen. Wenn nötig, erklärt der Lehrer die elementarsten Regeln des Tennisspiels; wie gewohnt wird der Text auch ansonsten auf das Verständnis hin überprüft und noch einmal gelesen.

Wie denken die Schüler über

- *den Linienrichter,*
- *den Schiedsrichter,*
- *Sandra und*
- *Anna?*

Wie hätten die Schüler an Sandras bzw. an Annas Stelle gehandelt? Warum?

Zweite Unterrichtsstunde: Ein Feind in der eigenen Mannschaft

Einstieg:
Wer kann sich noch an „Körbchen" aus der Unterrichtseinheit „Gegner und Feinde" erinnern?

Verlauf der Unterrichtsstunde:
Falls die Kinder nicht von allein darauf kommen, erzählt der Lehrer kurz die Geschichte von Paul und seinem Gegner im Basketball, dem Jungen, den sie Körbchen nannten. Er teilt ihnen mit, dass inzwischen viel Neues geschehen ist und Körbchen und Paul zu richtigen Feinden geworden sind. Da ist es natürlich nicht immer leicht, in derselben Mannschaft zu spielen. Und einmal geschah dies: ... (Der Lehrer liest die Geschichte von Arbeitsblatt 2 vor.)

Auch hier wird eine Kopie an die Schüler ausgeteilt, der Text gemeinsam gelesen und auf das Verständnis hin überprüft.

Wie denken die Schüler über

- *den Trainer,*
- *Körbchen und*
- *Paul?*

Warum?
Wie hätten die Schüler an Stelle von Karl bzw. Paul gehandelt? Auch diese Antworten sollten begründet werden.

Zusammenfassend werden nun folgende Fragen vertiefend besprochen:

- *Was ist ein Gegner? Wann wird man zu Gegnern?*
- *Was ist ein Feind? Wie wird man zu Feinden?*
- *Kann ein Freund ein Gegner sein?*
- *Kann ein Feind ein Gegner sein?*
- *Was genau ist der Unterschied zwischen einem Gegner und einem Feind?*
- *Kann ein Freund ein Feind sein? Kann er es werden?*

Zur Kontrolle wird dann abschließend Arbeitsblatt 3 („Gegner oder Feinde?") von den Schülern fertig gestellt. Die Antworten werden vorgelesen und besprochen.

Anna und Sandra – Freundinnen und Gegnerinnen?

Schlagartig verstummte die Menge.

Anna und Sandra betraten den Tennisplatz. Sie trauten sich nicht aufzublicken. Aber sie spürten, dass um sie herum viele Menschen waren. Menschen, die gekommen waren, um ihnen zuzuschauen.
Anna und Sandra würden nun Tennis spielen. Sie würden gegeneinander spielen und sie würden sehr gut spielen.
In den letzten zwölf Monaten hatten sie jeden Tag trainiert und da sie beide richtig Talent besaßen, waren sie immer besser geworden. Das hatte sich herumgesprochen und die Zeitung hatte einen sehr schönen Artikel mit Fotos über sie veröffentlicht. Dadurch war wiederum das Fernsehen auf sie aufmerksam geworden und es hatte schon zwei Sendungen gegeben, in denen die beiden zu sehen waren: eine im Kinderfernsehen und eine sogar im Sportfernsehen.

Heute nun waren viele Reporter da und Anna und Sandra konnten aus den Augenwinkeln heraus das Blitzen und Blinken der Fotoapparate und der Kameras wahrnehmen. Es war ihnen sehr mulmig zumute und einen kurzen Augenblick lang fassten sie sich ganz fest bei den Händen.

Als sie ihre Plätze einnahmen, ertönte donnernder Beifall. Die beiden Mädchen wechselten einen letzten Blick voller Freundschaft, der dann höchster Konzentration wich.

Sandra hatte den ersten Aufschlag. Wie in Zeitlupe stieg der gelbe Ball hoch, senkte sich dann wieder und wurde mit der ganzen Wucht, zu der ein Mädchen von acht Jahren fähig war, getroffen. Das Spiel hatte begonnen.

Es wurde ein wunderschönes und höchst spannendes Spiel. Sogar die Schiedsrichter schienen ihre Freude daran zu haben. Vielleicht wurden sie deshalb etwas unaufmerksam. Jedenfalls merkte der eine Linienrichter gegen Ende des Spiels nicht, dass einmal ein Ball, den Anna geschlagen hatte, außerhalb des Feldes auf den Boden traf. Sandra erwischte den Ball nicht mehr und der Punkt wurde Anna zuerteilt. Es war ein wichtiger Punkt, der vielleicht über Sieg oder Niederlage entscheiden würde.

Sandra hatte gesehen, dass der Ball das Feld verlassen hatte, und reklamierte beim Schiedsrichter. Dieser beriet sich mit dem Linienrichter und ließ den Einwand nicht gelten. Sandra blickte zu Anna hinüber. Auch diese hatte gesehen, dass ihr Ball im Aus war. Aber sie wollte unbedingt siegen. Sie sah Sandras Blick und verstand ihn. Dann aber schlug sie die Augen nieder und tat, als wäre nichts geschehen.

Auch Sandra schlug die Augen nieder und ging an ihren Platz zurück.
Der Schiedsrichter vergewisserte sich, dass sich jedes der beiden Mädchen ordnungsgemäß hingestellt hatte, und gab das Zeichen zum Weiterspielen.

Anna war an der Reihe aufzuschlagen. Wieder stieg der gelbe Ball wie in Zeitlupe nach oben. Als er sich senkte, hatte Anna den rechten Arm mit dem Schläger weit nach hinten gebeugt. Dann schnellte er mit aller Kraft wie eine Feder nach vorne.

Rasend schnell näherte sich der Schläger dem Ball.

Plötzlich ging jedoch ein Aufschrei durch die Zuschauer. Der Schläger hatte mitten in der Luft Halt gemacht. Der Ball fiel zu Boden und hüpfte langsam fort. Anna stand wie versteinert da und Totenstille legte sich über den Platz. Die Kameraleute fingerten nervös an ihren Geräten herum: Sollten sie Annas Gesicht in Großaufnahme einfangen oder lieber die ganze Szene filmen?

Anna überlegte fieberhaft. Noch hatte sie keinen Strafpunkt bekommen – sie hatte einen zweiten Versuch. Sie nahm also den Ersatzball in die linke Hand und stellte sich wieder zum Aufschlag bereit. Auf der anderen Seite des Spielfelds ging auch Sandra wieder in Stellung. Anna hob den Blick und schaute zu ihrer Freundin hinüber. Sie spürte, dass Sandra nicht mehr konzentriert war. Anna konnte jetzt gewinnen, das war ihr nun klar. Sie warf den Ball hoch und berührte ihn mit dem Schläger. Doch wie eine überreife Birne fiel der Ball auf das Spielfeld und blieb nach ein paar Sprüngen liegen. Vereinzeltes Händeklatschen war zu hören. Dann herrschte wieder Stille.

„Gleichstand!" Die Stimme des Schiedsrichters verriet seine Anspannung.

Ein Balljunge reichte Anna einen neuen Ball. Die beiden Freundinnen wechselten einen kurzen Blick und beide wussten nun, dass sie wieder konzentriert waren, bereit, gegeneinander zu kämpfen.
Wieder stieg der Ball hoch und wurde von Annas Schläger mit aller Kraft ins gegnerische Feld geschlagen, in eine Ecke, in der Sandra ihn bestimmt nicht erreichen konnte. Dachte Anna.

Paul und Körbchen – Gegner oder Feinde?

Unter lautem Beifall liefen die beiden Mannschaften in die Halle hinein.
In wenigen Tagen würden die Schulferien beginnen und mehrere Schulen hatten sich zusammengetan und ein großes Basketballturnier organisiert.
Der Schiedsrichter richtete ein paar Worte an die Kapitäne der beiden Mannschaften, dann wurde der Wettkampf angepfiffen.

Die Sohlen der Sportschuhe quietschten, der Ball trommelte auf den Boden, Rufe jagten von einem Spieler zum anderen, die Zuschauer schrien und dann flog der Ball zum ersten Mal in den Korb.

Ein Pfiff, der Schiedsrichter hatte den Ball wieder freigegeben. Wieder quietschten die Sohlen und alle Spieler stürmten zur anderen Seite des Feldes. Der Ball flog in die Höhe, streifte den Korb, wurde wieder hochgeworfen und landete diesmal im Netz.
Wieder ging es jetzt auf die andere Seite der Halle und diesmal war es Körbchen, der den Ball ins Netz bringen konnte.
„Körbchen, Körbchen!" Die Zuschauer johlten.
Paul wusste, dass damit weniger der Korb, als sein verhasster Mitspieler Karl gemeint war. Das ärgerte ihn sehr und er nahm sich vor, mehr Bälle in den Korb zu werfen als Karl.

Da, ein Fernwurf! Die Zuschauer kreischten, als Karl erneut mit dem Ball auf das Ziel zusprang. Nur noch zwei große Schritte. Absprung! Der Ball wäre auch mit Sicherheit im Korb gelandet, wenn Körbchen nicht plötzlich mit einem Ruck gebremst worden wäre. Paul hatte ihn am Hosenbund erwischt und zurück auf den Boden gezogen.
Der Ball fiel nieder, die gegnerische Mannschaft erwischte ihn und rannte los.
Jubel auf der Zuschauertribüne begleitete sie, als sie in Führung gingen.
Und wieder ging es zurück auf die andere Seite und wieder hinderte Paul Körbchen daran, Punkte für die eigene Mannschaft zu machen.
Das blieb dem Trainer nicht verborgen. Kurzerhand nahm er Paul aus dem Spiel.

Gegner oder Feind?

Lies zuerst die kurzen Texte in der linken Spalte, schreibe dann daneben, ob es sich um einen Feind oder einen Gegner handelt und erkläre dann in der rechten Spalte, warum das so ist!

Die Situation	Feind oder Gegner?	Warum?
Anna spielt ein Tennismatch gegen ihre Freundin Sandra. Jede von beiden gibt sich Mühe zu gewinnen.		
Paul und Körbchen spielen in derselben Mannschaft. Sie können sich nicht leiden und Paul schadet Körbchen, wo immer er nur kann.		
Zwei Schüler beklagen sich häufig bei der Lehrerin und beide behaupten, der andere schreibe dauernd ab.		
Ein Räuber überfällt einen jungen Mann. Dieser wehrt sich und die beiden kämpfen miteinander.		
Zwei Verbrecherbanden bekämpfen sich. Die Bandenmitglieder schießen aufeinander; sie kennen sich und sie wissen viel voneinander.		
Hier kannst du eine kleine Geschichte erfinden!		

3.2 Nachahmen?

Unterrichtsplanung und -vorbereitung

Unterrichtsziel:

Vieles gilt den Kindern – und nicht nur ihnen – als Vorbild. Dies geschieht oft unbewusst. Diese Unterrichtseinheit will die Schüler auf diesen Umstand aufmerksam machen und die Frage aufwerfen, ob jeder Mensch und jedes Benehmen nachahmenswert sind. Die tieferen Beweggründe, die einen Menschen zum Nachmachen anregen, können in einer dritten Klasse höchstens angedeutet werden.

Bezugsrahmen:

„Nachahmen?" ist die zweite von vier Unterrichtseinheiten, die in der dritten Klasse vorgesehen sind.

Zeitrahmen:

3 Unterrichtsstunden

Hilfsmittel:

Vorbereitete Kopiervorlagen:
Arbeitsblatt 1a: „Das Ding (Darstellerblatt)"
Arbeitsblatt 1b: „Das Ding (Beobachtungsblatt)"
Arbeitsblatt 2a: „Das ist cool! (Darstellerblatt)"
Arbeitsblatt 2b: „Das ist cool! (Beobachtungsblatt)"
Arbeitsblatt 3: „Das Vorbild"
Arbeitsblatt 4: „Die Nachahmung"
Arbeitsblatt 5: „Nachahmen oder nicht?"

Hinweis:
Das vollständige Erarbeiten dieser Unterrichtseinheit setzt eine sehr gute Schülergemeinschaft voraus. Da dies leider nicht immer der Fall ist, sollte der Lehrer nur die Elemente auswählen, die den Gegebenheiten in seiner Klasse Rechnung tragen.

Verlauf der Unterrichtseinheit

Erste Unterrichtsstunde: Ein erstes, vereinfachtes Rollenspiel

Einstieg:
Zur Einführung in das Thema teilt der Lehrer seinen Schülern mit, dass er heute ein Rollenspiel mit ihnen veranstalten will.

Verlauf der Unterrichtsstunde:
Das Rollenspiel besitzt eine Reihe von Vorteilen: Unter anderem gibt es den Schülern die Möglichkeit, eigene Gefühle und Absichten zu äußern, sonst schweigsamen Schülern gibt es die Gelegenheit zur Interaktion und, in dieser Unterrichtseinheit besonders wichtig, verschiedene Verhaltensweisen können herausgearbeitet und untersucht werden.
Denjenigen Schülern, denen der Begriff des Rollenspiels nicht geläufig ist, erklärt der Lehrer in einigen Worten, worum es sich handelt:
Ein, gewöhnlich aber mehrere Schüler spielen eine Rolle. Anders als beim Theater handelt es sich dabei jedoch nicht um festgelegte Rollen, sondern um die Darstellung einer oder mehrerer Rollen, wie sie sich intuitiv oder impulsiv aus einer bestimmten Situation heraus ergeben.
Vorbereitend auf ein Rollenspiel wird die Ausgangssituation festgelegt; üblicherweise werden auch die ersten Worte oder Sätze desjenigen bestimmt, der als Erster aktiv am Rollenspiel teilnehmen soll.

Das folgende Thema wird für ein erstes Rollenspiel angeboten:
Eines der Kinder denkt sich einen besonderen Gegenstand aus. Den wird es dann pantomimisch darstellen. Die übrigen Schüler sollen jeder für sich erraten, um was es sich handelt. Die Resultate – das gewollte und die erratenen – werden anschließend miteinander verglichen.
Für dieses erste Rollenspiel werden die Arbeitsblätter 1a bzw. 1b („Das Ding") benutzt. Der Darsteller schreibt zuerst auf, was er beabsichtigt darzustellen, dann hält er fest, wie er dies verwirklichen möchte. Die Zuschauer notieren während des Rollenspiels, was sie sehen, und halten dann ihre Deutung auf dem Arbeitsblatt

fest. Das Beobachtungsblatt wird von allen Schülern zu gleicher Zeit in individueller Arbeit ausgefüllt.

Idealerweise sollte dieses Spiel mehrfach wiederholt werden, am besten so oft, dass jedes Kind einmal als Darsteller an die Reihe kommt. Ist dies wegen der Klassenstärke nicht möglich, muss der Lehrer einige Schüler aussuchen, die als Darsteller an die Reihe kommen.

Je nach den räumlichen Gegebenheiten, der persönlichen Vorliebe und der Anzahl der Schüler entscheidet sich der Lehrer entweder für die Aquarium- (oder Fischteich-)methode oder für das multiple Verfahren.

Bei der Aquariummethode steht der Darsteller in der Mitte und wird von den Zuschauern umgeben. Dies ist die Anordnung, die von der Disziplin her am leichtesten überschaubar bleibt. Sie besitzt jedoch den Nachteil, dass es längere Zeit dauert, bis alle Schüler ihre Rolle gespielt haben. Möglicherweise lässt dann auch bei einigen das Interesse nach.
Beim multiplen Verfahren werden mehrere Gruppen von Darstellern und Zuschauern gebildet, die gleichmäßig im Raum verteilt werden. Alle Gruppen spielen ihr Rollenspiel zur gleichen Zeit. Der Zeitgewinn ist entsprechend groß, das Risiko des örtlichen Chaos auch.

Durch das Gegenüberstellen der Arbeitsblätter wird ein lustiges Streitgespräch eingeleitet. Alle Darsteller erklären, was sie mimen wollten, und die Zuschauer dürfen unterbrechen und sagen, was sie glauben, gesehen zu haben. Die Spieler können widersprechen, wenn sie finden, dass ihre Schauspielkunst missverstanden wurde. Falls ein Problem der Verständigung entstanden ist, muss das unbedingt am Schauspiel liegen? Besteht nicht auch die Möglichkeit, dass der Zuschauer nicht richtig hingesehen hat?

Der Lehrer greift nun leitend in das Gespräch ein und systematisiert es:
Jeder Darsteller soll mithilfe des ersten Arbeitsblattes erklären, welchen Gegenstand er darstellen wollte und wie er das dann beim Rollenspiel umgesetzt hat. Die Zuschauer hören zunächst nur zu und unterbrechen nicht. Einer nach dem anderen sagt dann, was er glaubt gesehen zu haben und welchen Gegenstand er erkannt zu haben glaubt.
Systematisch wird nun ein Fall nach dem anderen herausgegriffen und untersucht:

- *Was sollte jeweils dargestellt werden und was wurde jeweils erkannt?*
- *Was wurde sofort klar erkannt und was nicht?*
- *Woran kann das gelegen haben?*
- *Kann man allgemein feststellen, dass das, was man mimen will, nicht notwendigerweise dem entspricht, was erkannt wird?*
- *Gibt es hierfür eine oder mehrere Erklärungen? Und wo sind sie zu suchen: beim Darsteller oder beim Zuschauer? Welche Erklärungen können das sein? In diesem Zusammenhang werden die Schüler gefragt, woran sie während der Darstellung denken mussten.*

Falls die Schüler Schwierigkeiten empfinden, diese Überlegung nachzuvollziehen, kann er ihnen ein kurzes Beispiel vorführen. Dazu stellt er sich vor die Klasse, beide Hände vor sich hingestreckt, als würde er eine Tasse oder ein Glas tragen. Dann öffnet er die Hände und schaut verdutzt zu Boden. Viele Schüler werden sagen, er habe etwas fallen gelassen. Andere werden sich erinnern, wie sie selber einmal etwas durch Unachtsamkeit kaputtgemacht haben.
Der Lehrer weist darauf hin, dass es ihnen beim Beobachten des Rollenspiels genauso ergehen kann, dass jeder etwas anderes in eine Sache hineininterpretiert. (Besonders in ihrem Alter, da das Denken noch nicht so konventionell vor sich geht.)

Eine weitere Aussprache, die diesen Aspekt des Interpretierens beleuchtet, schließt die erste Unterrichtsstunde ab.

Zweite Unterrichtsstunde: Ein noch immer einfaches und ein richtiges Rollenspiel

Einstieg:
Der Lehrer leitet direkt zu einem zweiten Rollenspiel hin: Diesmal sollen die Schüler nicht etwas Gegenständliches, sondern eine Haltung mimen. Sie sollen den anderen Schulkameraden vorspielen, was sie selbst als besonders lässig (als cool) empfinden.

Verlauf der Unterrichtsstunde:
Wie bei dem vorhergehenden Rollenspiel werden auch hier Darsteller- und Beobachtungsblätter verwendet (Arbeitsblatt 2a bzw. 2b „Das ist cool!"). Auch die übrigen Vorbereitungen decken sich in etwa mit denen des ersten Spiels. Mit dem Unterschied freilich, dass es sich in diesem Fall um ein Benehmen, ein Verhalten oder eine

Haltung und nicht um einen konkreten Gegenstand handelt.

Auch diesmal muss der Lehrer überlegen, nach welcher Methode das Rollenspiel ausgetragen werden soll.

Die Schüler machen sich auf den beiden Arbeitsblättern Notizen und auch diesmal werden die Ergebnisse aufgearbeitet. Wieder wird analysiert, welche Abweichungen es zwischen der Darstellung und der Deutung gegeben hat.

Die erste große – aber allgemeine – Schlussfolgerung lautet also: *Es kann ohne weiteres vorkommen, dass derjenige, der etwas beobachtet, seine Beobachtung missdeuten kann.*

Gemeinsam wird besprochen, warum Kinder und auch Erwachsene etwas „cool" finden. Hat das etwas mit der Sache selbst zu tun? Hat es etwas damit zu tun, dass die Majorität etwas „cool" findet? Oder ist es so, dass nur Einzelne (oder eine kleine Gruppe), auf die aber alle (mit Bewunderung) schauen, etwas „cool" finden?
Zurückblickend auf das letzte Rollenspiel:
Haben alle (!) Kinder das Dargebotene als „cool" empfunden,

- *weil sie auch schon vor der Darstellung dieser Meinung waren oder*
- *weil es eben im Rollenspiel als solches dargestellt wurde?*

Eine weitere gemeinsame, wiederum allgemeine Schlussfolgerung ist also:
Manchmal findet man Gefallen an etwas, weil es anderen gefällt.

Der Lehrer teilt den Schülern jetzt mit, dass sie noch ein weiteres Rollenspiel aufführen können, dass es sich diesmal jedoch nicht um die Darstellung eines Gegenstandes oder eines Benehmens, sondern um eine richtige kurze Szene handelt.

Ein drittes Rollenspiel wird also nun vorbereitet.

Nachdem die Schüler mit der elementaren Technik des Rollenspiels vertraut sind, kann dieses pädagogische Instrument in einer vielschichtigeren Form eingesetzt werden.
Hierzu werden die Arbeitsblätter 3 und 4 („Das Vorbild" und „Die Nachahmung") zu Hilfe gezogen.
Wie vorher werden zuerst die Arbeitsblätter zur Darstellung ausgefüllt. Dazu müssen Gruppen von Rollenspielern gebildet werden. Es bleibt dem Ermessen des Lehrers vorbehalten, wie viele Gruppen es sein sollen, wie groß jede Gruppe ist, wer jeweils mitspielt und welche Methode angewandt wird.

Bevor das eigentliche Spielen aber beginnen kann, muss das vierte Arbeitsblatt („Die Nachahmung") zusammen mit den Kindern gelesen werden. Offene Fragen sind zu klären.
Es wird nicht darauf eingegangen, was denn nun gut oder schlecht ist. Die beiden Begriffe werden in ihrer Deutung den Schülern überlassen und brauchen in dieser Einheit auch nicht besprochen zu werden.

Dann kommt es zu der eigentlichen Aufführung des Rollenspiels, mit dessen Besprechung diese Unterrichtsstunde endet.
Welche Haltungen haben die Kinder angesprochen und warum?

Dritte Unterrichtsstunde: Nachahmen?

Einstieg:
Der Lehrer lädt seine Schüler ein, sich zu einer gemeinsamen Nachdenkrunde zusammenzusetzen.

Verlauf der Unterrichtsstunde:
Die Anordnung, mit der sich die Schüler und der Lehrer zusammensetzen, ist bereits aus vorherigen Unterrichtseinheiten bekannt, ebenso die Regeln, nach denen das philosophische Unterrichtsgespräch verlaufen soll.
Alle Fragen, die auftauchen, werden nach gewohnter, disziplinierter Manier hinterfragt und kommentiert; wenn möglich, werden sie zum weiteren Aufbau der Diskussion festgehalten.

Falls die Schüler nicht von alleine zu folgenden Fragenkomplexen finden, die aber wichtig für die Behandlung des Themas „Nachahmen" sind, muss der Lehrer das Gespräch dorthin leiten:

- *Wieso verspürt man manchmal den Wunsch, jemanden nachzuahmen?*
- *Hat das Nachahmen vielleicht etwas mit Lernen zu tun?*
- *Wen soll man denn nachahmen?*
- *Ahmen Freunde sich gegenseitig nach? Ist das gut so?*
- *Soll man einem Gegner etwas nachmachen? Warum?*

- *Soll man einem Feind etwas abschauen? Weshalb?*
- *Wer soll dabei helfen, nachahmenswerte Menschen oder ebensolches Benehmen auszusuchen?*
- *Welche Wirkung entsteht bei Kindern, die jemanden oder etwas nachahmen (wenn es sich um etwas Gutes, etwas Böses handelt)?*
- *Wie kommt sich möglicherweise der Nachgeahmte vor?*
- *Wie reagieren die übrigen Kinder?*
- *Sind es nur die Kinder, die nachahmen? Wer noch? Was halten die Kinder von solch einem Benehmen?*

Arbeitsblatt 5 („Nachahmen oder nicht?“) wird ausgeteilt, ausgefüllt und die Antworten werden gemeinsam besprochen.

Tauchen weitere, das Thema vertiefende Fragen auf, so werden auch diese behandelt.

Zur Auflockerung wird noch ein letztes, nicht zu vertiefendes Rollenspiel zum Thema „Nachahmen“ aufgeführt, das dann – abgesehen von der Ausgangssituation – auch weiter keiner Vorbereitung bedarf. Als Form wählt man hier am besten die Aquarium- oder Fischteichmethode. Jeder denkt sich ein Benehmen (gute/schlechte Manieren, Ungeschicklichkeit, Nachdenklichkeit, gute/schlechte Laune etc.) oder einen Menschen mit einem typischen Benehmen (Ordnungshüter, Gauner, Lehrer ...) aus. Ein Freiwilliger nach dem anderen, Schüler oder Lehrer, stellt sich dann in die Mitte des Zuschauer(halb)kreises und mimt den von ihm gewählten Typ Menschen bzw. das Benehmen. In einer anschließenden kurzen Diskussion wird zuerst sichergestellt, dass die Darstellung richtig erkannt wurde, um sie danach als nachahmenswert oder nicht einzustufen.
Auch in dieser etwas zwangloseren Stimmung wird nicht vergessen, den Entscheid der Kinder zu hinterfragen – was nebenbei auch dazu beiträgt, die gute Stimmung nicht ausufern zu lassen.

Das Ding (Darstellerblatt)

Name: ....

Welchen Gegenstand willst du darstellen?

....

Schreibe hier auf, wie du den Gegenstand darstellen willst!

....

....

....

....

....

Fertige hier eine Skizze dieses Gegenstandes an:

Das Ding (Beobachtungsblatt)

Name: ....

Schreibe auf, was du siehst: Was tut dein Schulkamerad, wie benimmt er sich, welche Gesten und Gesichter macht er?

....

....

....

....

....

Wie heißt der Gegenstand, den du erraten hast?

....

Wenn du nicht ganz sicher bist, ob du den richtigen Gegenstand erraten hast, so kannst du hier noch zwei andere Dinge aufschreiben:

....

Hast du erraten, um welchen Gegenstand es sich handelt? Fertige eine Skizze von ihm an!

....

Das ist cool (Darstellerblatt)

Name: ....

Schreibe hier auf, welches coole Benehmen du darstellen willst!

....

....

....

Schreibe auch auf, was du daran so cool findest!

....

....

....

....

Schreibe hier auf, wie du dieses coole Benehmen darstellen willst!

....

....

....

....

....

....

....

....

....

Das ist cool (Beobachtungsblatt)

Name: ....

Schreibe auf, was du siehst: Was tut dein Schulkamerad, wie benimmt er sich, welche Gesten und Gesichter macht er?

....

....

....

....

....

....

....

....

....

Hast du erraten, um welches Benehmen es sich handelt? Schreibe es hier auf!

....

....

....

Findest du dieses Benehmen auch cool?

Ja ☐ Nein ☐

Warum denkst du so?

....

....

....

Das Vorbild

Schreibt hier die Namen der Darsteller auf: ....

....

Welches Benehmen oder welchen Menschen wollt ihr darstellen? ....

....

Wie findet ihr dieses Benehmen? ☐ Gut? ☐ Schlecht?

Wie wollt ihr dieses Benehmen oder diese Haltung darstellen? Schreibt es in groben Zügen auf!

....

....

....

....

✂ ....

Die Nachahmung

Ich heiße: ....

Ich habe Folgendes gesehen: ....

....

Ich finde dieses Benehmen: ☐ Gut? ☐ Schlecht?

Denn ich bin der Meinung, dass ....

....

Wenn ich der Darstellung einen Namen geben sollte, würde ich sie so nennen: ....

Ich würde auch gerne so handeln, wie ich das jetzt im Rollenspiel gesehen habe: ☐ Ja! ☐ Nein!

Wenn ich das nachspielen sollte, was ich eben gesehen habe, würde ich das so tun: ....

....

Nachahmen oder nicht?

Schreibe hier mindestens sechs Wörter auf, die du auch anstelle von „Nachahmen“ benutzen kannst!

1.	4.
2.	5.
3.	6.

Wer ahmt wen nach? Schreibe drei Beispiele auf!

....

....

....

Schreibe links in die Tabelle ein Benehmen, das dir aufgefallen ist. Schreibe dann in die Mitte, ob du dieses Benehmen gut oder schlecht findest. In der rechten Spalte sollst du danach festhalten, ob du dieses Benehmen nachahmen willst oder nicht. Schreibe auch auf, warum!

Benehmen	Gut oder schlecht?	Nachahmen: ja oder nein? Warum?

3.3 Respekt! Wieso?

Unterrichtsplanung und -vorbereitung

Unterrichtsziel:

Was ist Respekt und wieso soll man jemandem Respekt entgegenbringen? Dies sind die Hauptfragen, die in der vorliegenden Unterrichtseinheit geklärt werden sollen. Zusätzlich wird untersucht, ob man nur anderen oder auch sich selbst gegenüber mit Respekt vorgehen sollte.

Bezugsrahmen:

Dies ist die dritte von vier Unterrichtseinheiten, die in der dritten Klasse angeboten werden.

Zeitrahmen:

2 Unterrichtsstunden

Hilfsmittel:

Vorbereitete Kopiervorlagen:
Arbeitsblatt 1: „Respekt"
Arbeitsblatt 2: „Respekt und Respektlosigkeit"
Arbeitsblatt 3: „Freund, Gegner, Feind"

Weiteres Material:
Wörterbücher

Verlauf der Unterrichtseinheit

Erste Unterrichtsstunde: Respekt und sein Gegenteil

Einstieg:
Der Lehrer gibt den Impuls: *„Manchmal hat man sehr großen Respekt vor jemandem."*
Die Schüler zählen Beispiele auf.

Verlauf der Unterrichtsstunde:
Dann stellt der Lehrer die Frage, was der Begriff „Respekt" eigentlich genau bedeutet.
Nachdem die Schüler einige Begriffsbestimmungen vorgeschlagen haben, wird der Begriff in kindgerechten Wörterbüchern nachgeschlagen. Die verschiedenen Definitionen werden miteinander verglichen und schriftlich festgehalten (Arbeitsblatt 1). Auch Synonyme werden gesucht und notiert.

Der Lehrer sorgt dafür, dass die Schüler die Begriffe „Hochachtung" und „jemanden hoch achten" bewusst erfassen. Dazu schreibt er die beiden Begriffe an die Tafel. Die Schüler sollen alsdann bildhafte Beispiele dafür geben, wie man jemanden *hoch* achten kann, das heißt, wie man jemanden aus der Masse, eventuell aus dem Niederen, hervorheben kann. Welche Wertvorstellung verbinden die Schüler mit dem Begriff „hoch"? Was ist das Gegenteil hiervon? Mit welchem Wort kann man das Verb „achten" ersetzen?

Die Kinder denken jetzt an drei Personen aus ihrem näheren Bekanntenkreis, für die sie besonderen Respekt empfinden. Dann füllen sie den dritten Punkt des ersten Arbeitsblattes aus. Nachdem dies geschehen ist, werden die Antworten vorgelesen. Wenn die Schüler es wünschen, brauchen sie die Namen der Personen nicht bekannt zu geben, sondern können sie durch die Zahlen eins bis drei ersetzen. Es ist jedoch wichtig, dass sie ihren Mitschülern mitteilen, aus welchen Gründen sie jemanden besonders hoch schätzen.
Die Gründe, die die Schüler angegeben haben, werden nach dem Vorlesen zusammengefasst und in einer Tabelle festgehalten.

Dann wird die Frage behandelt, in welcher Form sich eine respektvolle Haltung ausdrückt. Beispiele werden aufgezählt, die das Benehmen, die Ausdrucksweise usw. betreffen.

Nicht immer aber respektiert man Menschen. Wann nicht?
Im gemeinsamen Gespräch werden Beispiele aufgezählt und die Motive für den Nicht-Respekt untersucht. Gibt es Gemeinsamkeiten in den Überlegungen der Schüler?
Auch in diesem Fall wird eine Tabelle erstellt, in der die zusammengefassten Gründe festgehalten werden.

Auch wird die Frage behandelt, in welcher Form sich eine respektlose Haltung ausdrückt. Wiederum werden Beispiele aufgezählt, die das Benehmen, die Ausdrucksweise usw. betreffen.

Um diese Unterrichtsstunde abzuschließen, wird Arbeitsblatt 2 („Respekt und Respektlosigkeit") bearbeitet.

Zweite Unterrichtsstunde: Respekt in der Freundschaft und vor allem Leben im Allgemeinen

Einstieg:
Die fertig gestellten Arbeiten (Arbeitsblatt 2) werden gemeinsam gelesen und wenn nötig vertiefend besprochen.

Verlauf der Unterrichtsstunde:
Empfinden die Schüler auch gegenüber ihrem Freund Respekt? Was schätzen sie besonders an ihrem Freund?

Die Schüler sollen deutlich machen, warum sie besondere Züge an ihrem Freund hoch einschätzen. Mögen sie seine Art im Allgemeinen, seine Ansichten, seine Ehrlichkeit, seine Entschlossenheit, seine Zuverlässigkeit usw.?
Nun wird eine kurze Pause eingelegt, weil die Schüler darüber nachdenken sollen, was ihnen an ihrem Freund weniger gut gefällt. Sie brauchen sich aber hierzu nicht zu äußern.
Im Anschluss hieran wird der erste Teil des dritten Arbeitsblattes („Mein Freund, meine Freundin") ausgefüllt.

Danach erinnert der Lehrer kurz an die Unterrichtseinheit „Den Freund zum Gegner" (Unterrichtseinheit 3.1) und lässt die Schüler noch einmal die Begriffe „Gegner" und „Feind" bestimmen. Der Unterschied zwischen den zwei Begriffen wird noch einmal hervorgehoben.

Dann wird geklärt, ob man auch einem Gegner oder einem Feind Respekt entgegenbringen kann. Auch hier werden die Beweggründe besprochen. Bevor die Teile 2 und 3 des dritten Arbeitsblattes schriftlich bearbeitet werden, wird wiederum ein Unterrichtsgespräch geführt, das sich an den ersten Teil anlehnt.

Der Lehrer lädt die Schüler nun ein, sich zur Nachdenkrunde zusammenzusetzen.
Als Thema stellt er ihnen die Frage, ob man nur Menschen oder alle Lebewesen respektieren soll. Die Schüler denken schweigend nach, bevor sie ihre Antworten geben. Wie gewohnt, achtet der Lehrer bei der nun einsetzenden Aussprache darauf, dass alle Schüler zu Worte kommen, dass jedem zugehört und niemand unterbrochen wird und dass die Diskussionsbeiträge auf dem bisher Gesagten aufbauen.

Respekt!

Schreibe hier auf, was der Begriff „Respekt" bedeutet:

Respekt: ....

....

....

....

....

....

Schreibe hier mindestens zwei Wörter hin, die du anstelle des Begriffes „Respekt" benutzen kannst:

....

....

Vor welchen Menschen hast du Respekt? Warum?

Ich habe Respekt vor:	Und zwar aus diesem Grund:
....	....
....	....
....	....

Respekt und Respektlosigkeit

Schreibe auf, wie sich Respekt und Respektlosigkeit gegenüber anderen Menschen ausdrücken lassen. Denke an dein Benehmen, deine Kleidung, deine Sprache usw.! Wenn du willst, kannst du zusätzlich je ein kleines Bild dazumalen – aber nur, wenn du willst und Zeit hast.

Ausdruck von Respekt	Bild	Ausdruck von Respektlosigkeit	Bild
....		....	
....		....	
....		....	
....		....	
....		....	
....		....	
....		....	
....		....	
....		....	
....		....	
....		....	
....		....	

Freund, Gegner, Feind

1. Mein Freund, meine Freundin

Das respektiere ich an ihm, an ihr: ☺	Und das nicht: 😐

2. Mein Gegner, meine Gegnerin

Das respektiere ich an ihm, an ihr: ☺	Und das nicht: 😐

3. Mein Feind, meine Feindin

Das respektiere ich an ihm, an ihr: ☺	Und das nicht: 😐

3.4 Bin ich nicht toll?

Unterrichtsplanung und -vorbereitung

Unterrichtsziel:

In dieser Unterrichtseinheit sollen die Kinder Stellung zur übertriebenen Selbstdarstellung anderer Kinder nehmen.

Bezugsrahmen:

Die Unterrichtseinheit „Bin ich nicht toll?“ ist die letzte von vier Unterrichtseinheiten und wird im dritten Schuljahr behandelt.

Zeitrahmen:

2 Unterrichtsstunden

Hilfsmittel:

Vorbereitete Kopiervorlagen:
Arbeitsblatt 1: „Peter ist der Größte“
Arbeitsblatt 2: „Eva ist die Allerschönste“
Arbeitsblatt 3: „Alexander und seine Musik“
Arbeitsblatt 4: „Alexanders Schwester Sarah“

Weiteres Material:
Malfarben

Verlauf der Unterrichtseinheit

Erste Unterrichtsstunde: Immer am tollsten sein

Einstieg:
Die Kinder setzen sich in einen Kreis. Der Lehrer liest ihnen den Arbeitstext „Peter ist der Größte“ vor:
„Peter ist von sich überzeugt. Er ist der Beste!
Der Gescheiteste ist er sowieso.
Wenn Peter mal einen Fehler macht, dann hat einer ihn gestört.
Und beim Spielen muss Peter immer alles bestimmen, sonst ist er beleidigt.“

Verlauf der Unterrichtsstunde:
Der Lehrer trägt nun einem der Kinder auf, den Text mimisch darzustellen, während er ihn ein zweites Mal vorliest. Anschließend fragt er die Kinder, wie ihnen Peter gefällt. Würden sie gerne mit ihm spielen? Würden sie gerne Freundschaft mit ihm schließen?

Dann liest der Lehrer den Text „Eva ist die Allerschönste“ vor:
„Eva ist immer toll gekleidet. Das gefällt jedem.
Doch Eva spricht von nichts anderem als von Kleidern. Sie kommentiert und kritisiert jeden:
Karin ist schlampig gekleidet, die Lehrerin trägt immer nur alten Fummel und Kaspar sieht aus wie ein Mops.
Nur sie selbst, die Eva, sieht gut aus. Sie findet sich toll und stolziert über den Schulhof, als ginge sie über einen Laufsteg. Ausgelassene Spiele mag sie nicht, denn die ruinieren nur die Kleider.“

Auch dieser Text wird mimisch dargestellt und anschließend nehmen die Kinder Stellung: Würden sie gerne neben Eva sitzen? Würden sie gerne Freundschaft mit ihr schließen?

Der Lehrer fragt die Kinder nun, was sie als „aufgeblasenes Verhalten“, also übertriebene Selbstdarstellung bezeichnen würden. Welches Verhalten gefällt ihnen nicht an anderen Kindern? Hier sollte präzisiert werden, dass die Kinder nicht das Recht haben, Namen zu nennen.

Abschließend wird versucht eine Grenzlinie zu ziehen zwischen fröhlich selbstbewusstem Benehmen und übertriebener Selbstdarstellung:

- *Was bewirkt das erste, was das zweite Auftreten?*
- *Warum wird Letzteres meistens als wenig anziehend empfunden?*
- *Fehlt nicht vielleicht die Beachtung und die liebevolle Anteilnahme gegenüber den anderen Menschen?*

Abschließend dienen die Arbeitsblätter 1 und 2 der individuellen Stellungnahme.

Zweite Unterrichtsstunde: Wirklich tolle Menschen

Einstieg:
Die Kinder setzen sich in einen Kreis und der Lehrer liest ihnen den folgenden Text vor:
„Alexander ist der gescheiteste Junge der Klasse. Nur Karin kann in Rechnen und Deutsch mithalten. Alexander ist auch ein sehr lustiger Junge, der gerne Scherze macht und tolle Spiele erfindet. Außerdem ist er sehr begabt in Musik. Er kennt viele klassische Musiker wie Beethoven oder Mozart und spricht manchmal von allerlei Musikrichtungen und Instrumenten. Man könnte meinen, er denke in Musik. Sogar seine Sachen haben oft etwas mit Musik zu tun. Auf seinen T-Shirts sind Bilder von Instrumenten und Musikern, am Schlüsselbund hängt ein Miniaturpiano und an seinem Gürtel baumelt eine winzige Geige aus Silber, die sogar ein paar Töne von sich gibt. An Fußball ist Alexander wenig interessiert."

Verlauf der Unterrichtsstunde:
Im Rahmen der Erzählrunde werden nun folgende Fragen besprochen:

- *Würden die Kinder gerne mit Alexander befreundet sein? Warum? Warum nicht?*
- *Was finden sie anziehend?*
- *Was gefällt ihnen nicht so gut?*
- *Ist Alexander ein Wichtigtuer?*
- *Zeigt Alexander sich so, wie er wirklich ist?*
- *Wäre es einfach oder schwer, ihn als das zu akzeptieren, was er ist? Warum?*
- *Muss einem jeder Mensch gefallen?*
- *Was ist wichtig an einem Menschen?*
- *Was muss man an einem Menschen respektieren?*
- *Wie verhält man sich gegenüber einem Menschen, der einem nicht gefällt?*

Abschließend halten die Kinder ihre persönliche Meinung auf den Arbeitsblättern 3 bzw. 4 („Alexander ...") fest.

Anmerkung:
Weil es für einige Mädchen schwierig sein dürfte, Arbeitsblatt 3 korrekt zu bearbeiten, weil sie vielleicht keine Freundschaft mit einem Jungen wünschen, bietet Arbeitsblatt 4 („Alexanders Schwester Sarah") Gelegenheit zur besseren Identifikation.

Peter ist der Größte

Peter ist von sich überzeugt. Er ist der Beste! Der Gescheiteste ist er sowieso.
Wenn Peter mal einen Fehler macht, dann hat einer ihn gestört.
Und beim Spielen muss Peter immer alles bestimmen, sonst ist er beleidigt.

Male Peter!

Glaubst du, dass Peter wirklich der gescheiteste Junge der Klasse ist?

....

....

Würde es dir gefallen, Peter immer alles bestimmen zu lassen? Warum?

....

....

Würdest du gerne mit Peter befreundet sein? Warum?

....

....

Würdest du gerne so wie Peter sein? Warum?

....

....

Eva ist die Allerschönste

Eva ist immer toll gekleidet. Das gefällt jedem.
Doch Eva spricht von nichts anderem als von Kleidern. Sie kommentiert und kritisiert jeden:
Karin ist schlampig gekleidet, die Lehrerin trägt immer nur alten Fummel und Kaspar sieht aus wie ein Mops.
Nur sie selbst, die Eva, sieht gut aus. Sie findet sich toll und stolziert über den Schulhof, als ginge sie über einen Laufsteg. Ausgelassene Spiele mag sie nicht, denn die ruinieren nur die Kleider.

Male Eva!

Glaubst du, dass Eva das schönste Mädchen in der Klasse ist?

....

....

Würde es dir gefallen, in der Schule neben Eva zu sitzen? Warum?

....

....

Würdest du gerne mit Eva befreundet sein? Warum?

....

....

Würdest du gerne so wie Eva sein? Warum?

....

....

Alexander und seine Musik

Alexander ist der gescheiteste Junge der Klasse. Nur Karin kann in Rechnen und Deutsch mithalten. Alexander ist auch ein sehr lustiger Junge, der gerne Scherze macht und tolle Spiele erfindet. Außerdem ist er sehr begabt in Musik. Er kennt viele klassische Musiker wie Beethoven oder Mozart und spricht manchmal von allerlei Musikrichtungen und Instrumenten. Man könnte meinen, er denke in Musik. Sogar seine Sachen haben oft etwas mit Musik zu tun. Auf seinen T-Shirts sind Bilder von Instrumenten und Musikern, am Schlüsselbund hängt ein Miniaturpiano und an seinem Gürtel baumelt eine winzige Geige aus Silber, die sogar ein paar Töne von sich gibt. An Fußball ist Alexander wenig interessiert.

Male Alexander!

Möchtest du gerne mit Alexander befreundet sein? Warum?

....

....

Was gefällt dir an Alexander?

....

....

Was gefällt dir nicht an ihm?

....

....

Muss einem jeder Mensch gefallen?

....

....

Was ist deiner Meinung nach wichtig an einem Menschen?

....

....

Alexanders Schwester Sarah

Sarah ist ein Jahr älter als ihr Bruder. Sie geht in die vierte Klasse, hat lange braune Haare und lustige Sommersprossen. Sarah ist sehr tierlieb und lebt, wie Alexander, mit der Musik und für die Musik. Ihre Gespräche und ihre Kleidung, alles hat mit Musik oder Tieren zu tun. Sie hat auch sehr gute Noten in der Schule.

Male Sarah!

Möchtest du gerne mit Sarah befreundet sein? Warum?

....

....

Was gefällt dir an Sarah?

....

....

Was gefällt dir nicht an Sarah?

....

....

Muss einem jeder Mensch gefallen?

....

....

Was ist deiner Meinung nach wichtig an einem Menschen?

....

....

4.1 Freund oder Feind?

Unterrichtsplanung und -vorbereitung

Unterrichtsziel:

Oft hängt es von einer Kleinigkeit ab, ob ein Mitmensch zum Freund oder zum Feind wird. Manchmal sind es aber auch fundamentale persönliche Haltungen, welche die Beziehungen zum Mitmenschen bestimmen. Immer aber ist die Relation Freund – Feind eine subjektive, nicht eine sachliche Angelegenheit. Ziel dieser Unterrichtseinheit ist es, die Kinder anzuregen, hierüber nachzudenken und diesen Sachverhalt bewusster wahrzunehmen.

Bezugsrahmen:

„Freund oder Feind?" ist die erste von vier Unterrichtseinheiten, die in der vierten Jahrgangsstufe vorgesehen sind.

Zeitrahmen:

2 Unterrichtsstunden

Hilfsmittel:

Vorbereitete Kopiervorlagen:
Arbeitsblatt 1: „Der Junge ohne Namen"
Arbeitsblatt 2: „Szene 1"
Arbeitsblatt 3: „Szene 2 und 3"

Weiteres Material:
Farbstifte zum Ausmalen

Verlauf der Unterrichtseinheit

Erste Unterrichtsstunde: Ein Junge ohne Namen

Einstieg:
Die Schüler werden mit folgenden Fragen konfrontiert, die nacheinander gestellt werden:

- *Wer von euch hat einen Freund? Oder eine Freundin?*
- *Und wer hat eine Feindin? Oder einen Feind?*

Verlauf der Unterrichtsstunde:
Je nach den in der Klasse herrschenden Gewohnheiten melden sich die Schüler zu Wort und dürfen sich auch ganz kurz aussprechen.
Der Lehrer stellt fest, dass manchmal schon eine kleine Geste darüber entscheidet, ob jemand zum Freund oder zum Feind wird.
Können die Schüler Beispiele nennen?
Nach einer kurzen Aussprache teilt der Lehrer den Schülern mit, dass er ihnen eine Geschichte zu diesem Thema mitgebracht hat, die er ihnen jetzt vorlesen will.

Er liest nun die Geschichte „Der Junge ohne Namen" (Arbeitsblatt 1) vor.
Das vervielfältigte Arbeitsblatt wird danach an die Schüler ausgeteilt und der Text noch einmal durchgelesen. Der Lehrer stellt sicher, dass alle Schüler die Erzählung vollends verstanden haben, bevor er ihnen die Gelegenheit gibt, sich zu dem Erzählten zu äußern.
Wie hätten die Schüler an Saschas bzw. an Ivos Stelle gehandelt? Wie hätten sie sich benommen, wenn sie zu den Zuschauern gezählt hätten?
Wieso ist Sascha so tief berührt von Ivos Geste?
Dann erinnert der Lehrer an die Unterrichtseinheit „Freunde und Feinde" aus der ersten Jahrgangsstufe und fragt, wer nun sagen kann, was der Unterschied zwischen einem Freund und einem Feind ist?

Weitere Antworten werden dann gesucht:

- *Kann ein Freund zum Feind werden? Wodurch?*
- *Kann ein Feind zum Freund werden? Auf welche Weise?*

- *Wieso empfindet man jemanden als Freund oder als Feind? Was macht den Unterschied aus?*
- *Wenn ein Neuer oder eine Neue hinzukommt, wie wird er oder sie dann von den einzelnen Schülern empfunden:*
  – als unwillkommener Eindringling oder
  – als willkommener Kamerad oder
  – als nicht beachtenswert?

Zu diesen Fragen äußern die Schüler sich zuerst mündlich. Danach schreiben sie in ein paar Sätzen ein persönliches Erlebnis oder eine persönliche Ansicht zu einer oder mehreren der drei Fragen nieder.

Die Beiträge werden anschließend vorgelesen; falls der Lehrer es für richtig hält, können die Schüler ihren Beitrag als freie Erzählung vortragen. In diesem Fall können die Niederschriften auch als Gedankenstütze benutzt werden.

Die Geschichte wird abschließend noch einmal gelesen und vertiefend besprochen, bevor die Schüler Gelegenheit erhalten, eine Szene ihrer Wahl zu malen.

Zweite Unterrichtsstunde: Freund oder Feind – eine subjektive Angelegenheit

Einstieg:
Der Lehrer begutachtet die von den Schülern angefertigten Zeichnungen und lässt sie sich erklären.

Verlauf der Unterrichtsstunde:
Dann richtet er die Frage an die einzelnen Schüler, warum sie diese oder jene Szene herausgesucht haben. Als Schlussfolgerung auf die diversen Überlegungen behält er zurück, dass es persönliche Vorlieben waren, die die Schüler dazu gebracht haben, sich für eine bestimmte Szene zu entscheiden.

Hat die Tatsache, dass man jemanden zum Freund oder zum Feind erkort, vielleicht auch etwas mit persönlichen Ansichten oder Vorlieben zu tun?
Diese Grundfrage wird gemeinsam erörtert und hinterfragt, wobei man den Fall des öffentlichen – und damit gemeinsamen – Feindes (Verbrecher, Krieger usw.) deutlich ausklammert. Auch hier wird eine gemeinsame Schlussfolgerung gezogen, die besagt, dass die Beziehung „Freund oder Feind“ eine persönliche, nicht eine sachliche Angelegenheit ist.

Mit dem Ziel, den Schülern die Gelegenheit zu bieten, dies weiter individuell zu vertiefen, gibt der Lehrer ihnen nun Arbeitsblatt 2. Die Schüler führen die dort vorgesehenen Arbeiten aus, wobei die Anweisung „zuerst schreiben, dann zeichnen“ sicherstellen soll, dass jeder Schüler die Möglichkeit hat, wenigstens einen Text in die Blasen zu schreiben. (Beim dritten Arbeitsblatt wird die umgekehrte Reihenfolge gewählt, um zu unterstreichen, dass die Lage sich geändert hat.)

Die fertigen Arbeitsblätter werden von den Schülern vorgestellt, gelesen und erklärt.
Dabei sollen sie begründen, warum sie diese oder jene Überlegung den einzelnen Akteuren der Szene 1 zuordnen. Die Schüler sollen sagen, was sie denken und sagen würden, wenn sie eben diese Kinder auf der Zeichnung wären.
Die verschiedenen Äußerungen dürfen von den übrigen Mitschülern kommentiert und hinterfragt werden, wobei darauf geachtet wird, dass das Gespräch sachlich und ruhig verläuft.

Nun wird der Text noch einmal gelesen. Dann erhalten die Schüler das dritte Arbeitsblatt, das sie zuerst eingehend betrachten, dann ausmalen und schließlich mit Text versehen sollen.

Zum Abschluss dieser Unterrichtseinheit werden die Texte von den Schülern gelesen und von ihnen selbst kommentiert.
Weder Lehrer noch Mitschüler nehmen dazu Stellung.

Der Junge ohne Namen

Von weitem sah es aus, als hätte es einen Unfall gegeben: Kinder jeden Alters drängten sich auf dem großen Platz um ein Etwas, das sich in ihrer Mitte auf dem asphaltierten Boden befand. Dann sprangen sie plötzlich unter lautem Schreien zur Seite.
Das Etwas schoss zwischen ihren Füßen hindurch und bewegte sich rasend schnell über den Platz. Dabei entpuppte es sich als ein Auto, das ganz offensichtlich ferngesteuert wurde.
Und dann war auch der Junge zu sehen, der die Fernsteuerung in den Händen hielt. Irgendetwas in seinem Benehmen unterschied ihn von den anderen Kindern. Dabei war er weder größer oder sonst auffälliger als die Übrigen. Und trotzdem stach er hervor.
Er hieß Sascha und seine Eltern waren sehr wohlhabend. Der Junge war bei seinen Spielkameraden beliebt, und das war nicht allein dadurch zu erklären, dass er ziemlich viel Spielzeug besaß. Ferngesteuerte, außergewöhnliche Autos waren seine Spezialität. Jeder wollte sie berühren oder zumindest zuschauen, wenn Sascha mit ihnen fuhr. So auch heute.
Dann betrat Ivo den Platz. Zuerst bemerkte das niemand, weil der Platz so groß und Ivo noch so weit entfernt war. Doch dann begannen die Kinder, sich mit den Ellbogen in die Seite zu stoßen und mit den Köpfen wortlos auf den Neuen zu zeigen.
Ivo war noch fremd in der Stadt. Er war mit seiner Mutter und seinen Geschwistern erst vor kurzem aus einem fremden Land, in dem Krieg herrschte, hierher gezogen. Von seinem Vater wusste man nichts Genaues, aber man munkelte, dass er in seiner Heimat geblieben war, um sein Haus und sein Dorf gegen die Eindringlinge zu verteidigen.
Ivo und seine Familie waren sehr arm und auf ihrer langen Flucht hatte der Junge lernen müssen, um Almosen zu bitten. Vielen Kindern tat er Leid und sie hätten ihm schon manchmal etwas abgegeben, wenn da nicht Sascha gewesen wäre, der Ivo aus ganzem Herzen verachtete. „So einer hat ja nicht einmal einen Namen“, pflegte er zu sagen. „Niemand will ihn haben, schon gar nicht in seiner Heimat. Er hat kein Recht auf einen Namen.“
Daraufhin hatte keines der Kinder mehr Ivo mit seinem Namen angeredet. Der kleine Flüchtling war damit auch noch namenlos geworden.
Nun stand er da neben ihnen und hielt die geöffnete Hand hin. Seine dunklen Augen blickten drein wie die eines Hundes, der überall mit Fußtritten fortgejagt wurde. Das ferngesteuerte, prächtige Auto rollte langsam aus und die Kinder schauten zu Sascha hin.
Eine Gasse tat sich auf: Auf der einen Seite stand Sascha, auf der anderen Seite der Junge, der keinen Namen mehr haben durfte. Die beiden Jungen blickten sich an. Ivo hielt Sascha die Hand bettelnd entgegen.
Dieser hatte Zeit gehabt, sich innerlich seine Antwort vorzubereiten, und er sagte das, von dem er glaubte, dass die anderen Kinder es hören wollten: „Ich habe selbst kein Geld. Kannst du mir was geben?“ Und damit hielt er nun Ivo die geöffnete Hand entgegen. Er sagte es höhnisch und laut, damit die Kinder lachen und ihn bewundern sollten.
Ivo erkannte das, aber andererseits wusste er auch, was es bedeutete, kein Geld zu haben. Er kannte sich auch nicht so sehr mit teuer gekleideten Jungen aus.
Einige Kinder lachten. Andere wussten nicht, wie sie sich verhalten sollten. Sie warteten ab und schauten die beiden Jungen abwech-

selnd an. Sie sahen deren Blicke und sie verstanden, dass in diesem Augenblick etwas geschah, das sehr wichtig war.
Saschas Augen schauten stolz und selbstbewusst drein und man spürte regelrecht die innerliche Sicherheit, die ihn erfüllte.
Ivos Blick war der eines verwundeten Tieres, man konnte gar nicht genau sagen, welche Formen des Leids in diesen dunklen Augen zu sehen waren.
Langsam sank Ivos Hand herab und Saschas Blick wurde noch höhnischer. Die Hand hing einen Augenblick lang wie leblos an dem schmächtigen Körper herab, glitt dann wieder in die Höhe und verschwand schließlich in der Hosentasche.
Einige Lacher waren zu hören. Doch als die Hand plötzlich wieder zum Vorschein kam, verstummten die Kinder erschrocken. Die Hand war nun geschlossen und es war klar, dass etwas in ihr verborgen war.
Langsam ging Ivo zu Sascha hin. Er streckte ihm die Hand hin. Seine kleine Faust öffnete sich – und ein paar Münzen blinkten in der Sonne.
„Da, nimm, mehr habe ich nicht.“ Ivo schaute Sascha mitfühlend an.
Alle Überheblichkeit und jede Spur von Stolz verschwanden aus Saschas Gesicht. In seinen Zügen drückten sich zuerst Beschämung, dann blankes Entsetzen aus. Sascha war entsetzt über das, was geschehen war, über das, was er gesagt und getan hatte, entsetzt über die ganze Situation hier.
Er wagte kaum, Ivo anzublicken, aber in seinem Herzen geschah in diesem Augenblick sehr viel.
Tiefer Respekt vor dem kleinen Fremden breitete sich in ihm aus und auch Verbundenheit. Sascha kam sich nun sehr klein und unwichtig vor.
Totenstille herrschte unter den kleinen Zuschauern, als Sascha schließlich den anderen Jungen ansah und mit dünner Stimme sagte: „Wie ist dein Name?“

Wähle eine bestimmte Szene aus der Geschichte aus und zeichne sie hier hin!

Szene 1

Schreibe in die Blasen, was die Kinder denken oder sagen! Danach kannst du das Blatt farbig ausmalen.

Szene 2

Schau dir die Szene in Ruhe an. Male sie dann farbig aus. Schreibe erst dann in die Denkblasen, welche Überlegungen die Kinder wohl anstellen.

Szene 3

Gehe bei dieser Zeichnung genauso vor wie links!

4.2 Berechenbar sein

Unterrichtsplanung und -vorbereitung

Unterrichtsziel:

Sich auf jemanden verlassen und jemandem vertrauen können, dies sind wichtige Komponenten einer Freundschaft. Damit solches Vertrauen entstehen kann, muss man den Freund einschätzen können, sein Benehmen muss voraussehbar sein. Hierüber nachzudenken und zu einer eigenen Meinung zu kommen, das ist das Unterrichtsziel dieser Einheit.

Bezugsrahmen:

Das ist die zweite der vier Unterrichtseinheiten, die für die vierte Klasse vorgeschlagen werden.

Zeitrahmen:

2 Unterrichtsstunden

Hilfsmittel:

Vorbereitete Kopiervorlagen:
Arbeitsblatt 1: „Jan und das Karaoke“
Arbeitsblatt 2: „Kim und Tim“

Verlauf der Unterrichtseinheit

Erste Unterrichtsstunde: Im Stich gelassen

Einstieg:
Der Lehrer fragt die Schüler, ob sie schon einmal mit dem Bus oder dem Zug gefahren sind.

Verlauf der Unterrichtsstunde:
Die Schüler erzählen kurz, was sie hierbei erlebt haben, wohin sie gefahren sind und womit.
Busse und Züge fahren nach einem Fahrplan. Das schafft Vertrauen. Aber sind sie auch stets pünktlich?
Wiederum können die Schüler sich äußern.
Wenn eines der öffentlichen Verkehrsmittel oft nicht zur versprochenen Zeit abfährt oder ankommt, was bewirkt das bei den Benutzern?
Aber nicht nur öffentliche Verkehrsmittel haben manchmal Verspätung. Wer noch?
Sind die Schüler auch schon einmal zu spät gekommen? Was geschah dann?
Ist auch schon einmal ein Freund, ein Schulkamerad zu spät gekommen? Wann? Was geschah daraufhin?
Hatten die Kinder schon einmal jemanden zu sich eingeladen oder eine Verabredung mit jemandem, der dann zu spät kam? Wie haben sie darauf reagiert?

Der Lehrer erzählt:
„Jan, ein Junge in eurem Alter, hatte einen Schulfreund zu sich nach Hause eingeladen. Es war an einem freien Nachmittag und die Kinder wollten zusammen spielen. Sie hatten sich für 15.00 Uhr verabredet.
Doch Jans Mutter wollte noch schnell in die Stadt und Einkäufe machen. Jan sollte mitkommen, weil er nicht allein zu Hause bleiben sollte.
Doch Jan wollte unbedingt auf seinen Freund warten, weil er es ihm ja versprochen hatte. Also blieben sowohl Jan als auch seine Mutter daheim.

Es wurde 15.00 Uhr, dann ein Viertel nach, dann halb vier. Der Freund kam nicht. Jan nahm das Telefon und rief bei ihm zu Hause an. Niemand meldete sich.

Sie warteten noch eine Viertelstunde, dann sagte die Mutter, sie habe jetzt keine Geduld mehr. Doch ein Blick auf die Uhr zeigte ihr, dass es jetzt bereits zu spät war, um noch in die Stadt zu fahren.

Am nächsten Tag stellte Jan seinen Freund zur Rede. Warum war er nicht gekommen?
Der Freund erklärte ganz unschuldig, dass seine Großeltern ganz unerwartet aufgetaucht seien, und dass sie ihn eingeladen hatten, mit ihnen in die Stadt zu fahren. Das hatte er dann auch getan und darüber seine Verabredung mit Jan ganz vergessen."

Mehrere Schüler erzählen die Geschichte nach, die dann besprochen wird.
Wer hatte wem was versprochen?
Welche Auswirkungen hatte das auf die Zeitplanung der Mutter, auf ihre Besorgungen?
Wann würde sie diese nun erledigen?
Was bewirkte das Nichterscheinen des Freundes bei Jan?
Wie urteilen die Schüler über das Benehmen des Freundes?
Was würden sie Jan raten?

Sind die Kinder auch schon auf diese oder eine ähnliche Art im Stich gelassen worden?
Wie haben sie reagiert? Wie erklären sie ihre Reaktion?

Der Lehrer fährt fort: Jan hat noch eine weitere Enttäuschung einstecken müssen, mit einem anderen Freund.

Der Lehrer liest den Text von Arbeitsblatt 1 vor („Jan und das Karaoke"), wobei eventuell das japanische Wort Karaoke erklärt werden muss.

Wie denken die Schüler über diesen Freund?
Würden sie auch so handeln?
Was hat den Freund wohl bewogen, in letzter Minute nicht mitzumachen?
Wie bewerten sie Jans Reaktion?
Hätten sie auch so gehandelt?

Arbeitsblatt 1 wird als Kopie an die Schüler ausgeteilt und gemeinsam gelesen; der Text wird auf das Verständnis hin überprüft.

Wer hat schon einmal an einer solchen Veranstaltung teilgenommen?
Welche Gefühle hat man, wenn man auf einer Bühne vor vielen Leuten steht und eine Darbietung bringen muss?

Jan hat ein zwar lustiges, aber für einen Lehrer nicht unbedingt erfreuliches Lied gesungen. Warum wohl? Wollte er sich vielleicht selbst Mut machen? Oder ist das Lied ihm vielleicht sozusagen entwischt?
Wie finden die Schüler die Reaktion des Lehrers? Warum? Möchten sie auch so einen Lehrer haben?
Wer von den Kindern kennt das Lied? Möchte er es vielleicht vorsingen?

Arbeitsblatt 1 wird noch einige Male gelesen, um diese abschließenden Fragen beantworten zu können:

- *Kann man jemandem vertrauen, dessen Benehmen nicht voraussehbar ist?*
- *Ist es möglich, jemandem zu vertrauen, der unberechenbar ist?*
- *Kann ein unberechenbarer Mensch zum Freund werden oder es sein?*
- *Kann es eine Freundschaft ohne gegenseitiges Vertrauen geben?*

Zweite Unterrichtsstunde: Immer das Falsche!

Einstieg:
Der Lehrer singt oder summt die paar ersten Takte des Liedes: „Von den blauen Bergen kommen wir ...".

Verlauf der Unterrichtsstunde:
Wenn die Schüler wollen, können sie einstimmen und das Lied zu Ende singen.
Dann möchte der Lehrer noch einmal kurz hören, welche zwei Missgeschicke dem lieben Jan widerfahren sind.

Aber nicht nur das Im-Stich-Lassen kann eine Freundschaft arg belasten. Es kann auch passieren, dass ein Freund sein Wort zwar hält, aber nicht so, wie es eigentlich gedacht war.

Dazu will der Lehrer den Schülern die Geschichte von Kim und Tim vorlesen (Arbeitsblatt 2).
Dann wird das Blatt ausgeteilt und gemeinsam besprochen.

Wie denken die Schüler über Tim? Würden sie auch so handeln?
Was mag Kim wohl gedacht haben,

- *als Tim mit den halb fertigen Hütchen und Masken auftauchte und*
- *als Tim die gekauften Sachen herbeischleppte?*

Was würden die Kinder Kim raten? Was würden sie Tim sagen?

Haben die Schüler selbst schon eine ähnliche Situation erlebt? Sie sollen erzählen!
Warum möchte man, dass der Freund sich an eine Abmachung hält?
Halten die Kinder sich selbst stets an das, was abgemacht wurde? Warum ja, warum nein?
Welche Wirkung hat es auf sie selbst, wenn jemand sich nicht an eine Abmachung hält?
Welche Wirkung hat es wohl auf andere, wenn sich die Kinder nicht an ihr Wort halten?
Wollen sie in Zukunft in dieser Hinsicht etwas ändern?

Zum Schluss der Unterrichtseinheit schreiben die Schüler eine kurze Erzählung, die schließlich in der Klasse vorgelesen und besprochen wird. In dieser Erzählung sollen die Kinder neben dem eigentlichen Geschehen beschreiben, welche Gefühle sie selbst und auch die anderen Beteiligten hatten. Thema der Aufgabe: Eine gebrochene Abmachung.

Jan und das Karaoke

Auch in diesem Jahr waren die Aufführungen der Kinder der Höhepunkt des Sommerfests. Rund siebzig Zuschauer hatten sich deshalb im großen Saal der Schule eingefunden. Einige Kinder wollten einen kurzen Sketch in Szene setzen, andere wollten eine Zirkusnummer vorführen. Jan hatte zusammen mit seinem Freund eine Karaokenummer eingeübt. Eine ganze Woche lang hatten sie sich jeden Tag getroffen und zur Instrumentalmusik eines bekannten Schlagers gesungen.
Nun war also der große Tag ihres Auftritts gekommen.

Die vier Kinder aus der Zirkusnummer rollten über den Boden, purzelten durcheinander und schnitten Grimassen. Die Zuschauer mussten laut lachen und am Ende der Aufführung spendeten die Kinder im Publikum, ihre Eltern und Freunde laut Beifall. Die Clowns waren überglücklich, verbeugten sich andauernd und schritten schließlich rückwärts von der Bühne.
„Und nun“, die Stimme des Moderators überschlug sich fast, denn er war auch noch sehr jung und aufgeregt, „und nun stelle ich euch Jan und seinen F...“
Jan stand alleine da. Sein Freund hatte ihn im Stich gelassen! Er hatte nur kurz gesagt: „Ich kann leider nicht mitmachen“, und war verschwunden.
„Jan, du bist ja alleine hier?“, rief der junge Moderator deshalb erstaunt ins Mikrofon.
Jan zuckte nur die Schultern und erklärte hilflos:
„Mein Freund hat mich im Stich gelassen. Er wird nicht mit mir singen. Außerdem hat er vergessen, die CD mit der Musik hier zu lassen ...“
Er war echt in der Klemme! Betroffenes Schweigen breitete sich unter den Zuschauern aus. Dann klatschte einer in die Hände, zaghaft, unsicher und leise. Ein Zweiter gesellte sich dazu und dann entlud sich die ganze Spannung in lautem Applaus. Jan erholte sich sichtlich von seiner Enttäuschung. Und aufgeben wollte er noch nicht.
Er ergriff das Mikrofon, holte noch einmal tief Luft und dann ertönte es zuerst leise, dann fest und laut aus den Lautsprechern:
„Von den blauen Bergen kommen wir,
unser Lehrer ist genauso dumm wie wir,
mit dem Finger in der Nase ...“
Noch bevor Jan das Lied zu Ende gesungen hatte, stimmten die Zuschauer in den Gesang ein und klatschten im Rhythmus mit. Schließlich verwandelte sich das Händeklatschen zu tosendem Applaus. Einer der Männer im Saal kletterte auf seinen Stuhl und versuchte noch lauter zu klatschen als die anderen. Es war der Lehrer von Jan.

Kim und Tim

Kim und Tim verbindet eine große Freundschaft. Außerdem haben sie am selben Tag Geburtstag. Den feiern sie dann auch meistens gemeinsam. Und das wiederum heißt, dass sie sich zusammen um die Vorbereitungen kümmern. So auch dieses Jahr.

Sie hatten sich etwas Besonderes ausgedacht: Sie wollten viele Schulfreunde einladen und alle sollten sich für die Feier verkleiden. Das mit der Kostümierung sollte aber eine Überraschung werden.
Die beiden teilten sich die Arbeit. Kim kümmerte sich um Tücher, Schminke und so weiter, während Tim versprach, Masken und kleine dreieckige Spitzhütchen anzufertigen. Jeder sollte seine Aufgabe selbstständig erledigen und erst am vorletzten Tag wollten sie sich dann zusammensetzen und ihre Vorbereitungen in Augenschein nehmen.

So geschah es dann auch. Doch Kim erlebte gleich eine riesige Enttäuschung: Er hatte zwar viele Stoffstücke, Tücher, Schminke und auch sonst alles herbeigeschafft, was die beiden sich überlegt hatten. Aber Tims Sachen waren einfach nicht zu gebrauchen: Es fehlten viele Hütchen, die Masken waren nicht fertig bemalt und ausgeschnitten waren sie auch noch nicht! Kim war richtig wütend und Tim versprach eilig, sich zu bessern und sofort alles in Ordnung zu bringen. Sie wollten sich morgen doch noch einmal sehen und bis dahin hätte er alles in Ordnung gebracht.

Nun, morgen, das war der Tag vor der Feier, und es blieb also nicht mehr viel Zeit, mögliche Fehler wieder in Ordnung zu bringen. Kim musste sich also auf Tim verlassen können!
Und am nächsten Tag schleppte Tim dann tatsächlich einen großen Pappkarton an und packte ihn voller Stolz aus: Da waren Hüte, wunderschön und bunt, und Masken, einfach großartig, und das alles in Hülle und Fülle. Zuerst war Kim hocherfreut, doch bald wich die freudige Überraschung der Betroffenheit.

„Aber Tim, das ist ja alles gekauft! Wie sieht das denn zusammen mit meinen Sachen aus? Ich habe alte Klamotten besorgt, Flickzeug, Reste und Sachen aus dem Recyclingcenter. Die Tücher habe ich oben auf dem Speicher in einem alten Schrank gefunden! Das passt doch nicht zusammen, dein nagelneues Zeug und mein Trödel!"
Tim schaute Kim voller Unverständnis an.
„Aber Kim, ich war doch extra mit meiner Mutter einkaufen ..."
„Tim, du bist unberechenbar, ich kann mich nicht auf dich verlassen! Einmal bringst du so gut wie überhaupt nichts mit, und das, was du dabei hast, taugt dann noch nicht einmal etwas, und heute schleppst du Dinge an, die viel zu gut sind! Was soll ich bloß mit dir anfangen?"

4.3 Partei ergreifen?

Unterrichtsplanung und -vorbereitung

Unterrichtsziel:

Die Schüler sollen sich im Rahmen dieser Unterrichtseinheit überlegen, wann es ihnen sinnvoll erscheint, Partei zu ergreifen. Die Neutralität als mögliche Alternative wird ebenso thematisiert. Zusätzlich wird untersucht, welche Reaktionen die verschiedenen Haltungen zur Folge haben können: bei sich selbst, bei den Mitmenschen und bei seinen Freunden und Feinden.

Bezugsrahmen:

Dies ist die vorletzte der vier Unterrichtseinheiten, die in der vierten Altersstufe vorgesehen sind.

Zeitrahmen:

3 Unterrichtsstunden

Hilfsmittel:

Vorbereitete Kopiervorlagen:
Arbeitsblatt 1: „Wenn Daniel im Recht ist"
Arbeitsblatt 2: „Wenn Daniel Unrecht hat"
Arbeitsblatt 3: „Tja, und nun?"
Arbeitsblätter 4a und 4b: „Vier Kinder im Schnee"

Verlauf der Unterrichtseinheit

Erste Unterrichtsstunde: Recht, wem Recht gebührt

Einstieg:
Der Lehrer richtet die Frage an die Schüler, ob sie schon einmal verdächtigt worden sind und ob dies zu Recht oder zu Unrecht geschah.

Verlauf der Unterrichtsstunde:
Die Schüler erzählen von ihren Erlebnissen.
Haben die Schüler sich in dem Augenblick gewünscht, dass jemand ihnen Beistand leistet? Wer? Und was ist dann tatsächlich geschehen? War da jemand, der ihnen geholfen hat? Oder war niemand da?
Die betroffenen Schüler berichten, wie sie das erlebt haben und was sie dabei gedacht haben.
Hat ein Freund ihnen geholfen oder sie im Stich gelassen?
Ist eine alte Freundschaft auf diese Art und Weise zu Bruch gegangen oder eine neue entstanden? Die Schüler erzählen.
Kann oder darf man erwarten, dass ein Freund einem zur Seite steht, wenn man Hilfe braucht?

Der Lehrer teilt den Schülern mit, dass er ihnen vier Geschichten mitgebracht hat. In den drei ersten erzählt ein Kind, was es alles erlebt hat mit seinem Freund Daniel und einem Hund. Die Kinder sollen sich am Ende jeder Erzählung einen passenden Schluss ausdenken und diesen aufschreiben.
Die vierte Schilderung verlangt von den Schülern viel Aufmerksamkeit. Zuerst werden sie aufpassen müssen wie Detektive, um sich dann in drei verschiedene Lagen oder Szenarien hineinzudenken.
Aber zunächst wird der Lehrer das Abenteuer Nr. 1 vorlesen, den Text „Wenn Daniel im Recht ist" (Arbeitsblatt 1).

Ist es auch schon einmal jemandem aus der Klasse geschehen, dass ihm ein unbekannter Hund nachgelaufen ist? Wenn ja, darf der Schüler erzählen. Ist damals auch ein Unfall passiert?

Wie mag der Hund in der Geschichte ausgesehen haben? War er groß, klein, hatte er ein braunes, schwarzes oder weißes Fell? Hatte er ein lang- oder kurzhaariges Fell? War er alt oder jung? Trug er vielleicht ein Halsband? Was hätte das zu bedeuten?

Der Lehrer liest das Abenteuer noch einmal vor. Können vier Kinder die Szene mit dem Unfall nachstellen, als vorgegebenes Rollenspiel? Ein Kind spielt den Freund, ein anderes das Kind, das erzählt, ein drittes ist der Hund und das vierte stellt die Radlerin dar. Die übrigen Schüler schauen zu.
Wie hätten die Schüler reagiert, wenn sie in Wirklichkeit die Radfahrerin gewesen wären? Wären sie auch böse geworden? Hätten sie auch geschrien? Warum? Wem hätten sie die Schuld gegeben? Weshalb?
Was hätten die Kinder getan, wenn sie der Hund gewesen wären? Ob der Hund wohl viel nachgedacht hat? Kann ein Hund überhaupt denken?
Jetzt sollen die Kinder sich vorstellen, sie wären an Daniels Stelle gewesen. Was hätten sie gefühlt, gedacht, gesagt? Warum? Wären sie stehen geblieben oder weggelaufen? Warum?
Welches Benehmen ist in den Augen der Schüler das richtige? Warum?
Was wird Daniel wohl von seinem Freund erwartet haben?

Das erste Arbeitsblatt wird als Kopie ausgeteilt und gemeinsam gelesen. Sind noch Fragen offen? Wenn ja, werden sie im Unterrichtsgespräch geklärt.
Der Text wird noch einmal durchgelesen, dann erhalten die Schüler die Aufgabe, ihn unten auf der Seite fertig zu schreiben.
Danach werden die Schülertexte vorgelesen und gemeinsam nach der bekannten Methode kommentiert, auf die Hintergründe hin besprochen und aufbauend in Frage gestellt.

Zweite Unterrichtsstunde: Wenn es schwer wird, Partei zu ergreifen

Einstieg:
Der Lehrer erinnert an die vorherige Unterrichtsstunde. Ein Freund, der nichts Unrechtes getan hatte, brauchte Hilfe. Es war klar: Er erhielt sie. Aber wie verhält man sich, wenn der Freund Unrecht hat und trotzdem um Schützenhilfe fragt?

Verlauf der Unterrichtsstunde:
Die Schüler äußern sich kurz hierzu, bis der Lehrer vorschlägt, die zweite Abenteuergeschichte zu lesen. Anhand dieses konkreten Beispiels ist es dann einfacher, sich eine Meinung zu bilden.
Der Lehrer liest also den Text „Wenn Daniel Unrecht hat“ (Arbeitsblatt 2) vor.

Wer von den Schülern hat schon einmal einem Hund etwas beigebracht? Die Kinder, die hierin Erfahrung haben, beschreiben, was sie dabei erlebt haben.
Was hat Daniel dem Hund aus der Geschichte beigebracht?
Zwei Schüler zeigen kurz, wie das vor sich geht: Einer mimt den Hund, der andere Daniel.
Der Lehrer liest die Erzählung noch einmal vor.
Vier Schüler, wenn möglich dieselben wie in der ersten Unterrichtsstunde, spielen die Szene mit dem Unfall nach. Der Rest der Klasse schaut zu.

Was hat Daniel gemacht? Hat er absichtlich einen Unfall herbeigeführt? Warum wohl? Was mag Daniel dabei gedacht haben? Welche Gefühle hat er vermutlich:

- *für die Radfahrerin,*
- *für den Hund?*

Ob Daniel den Hund als Komplizen und als Freund ansieht? Ob Daniel wohl das Gefühl hat, sie beide müssten sich für die Vorwürfe rächen, die die Radlerin ihnen ungerechterweise an den Kopf geworfen hatte?

Ob Daniel seinen Streich schon lange geplant hatte? Oder könnte der Gedanke ihm erst gekommen sein, als er die Radfahrerin plötzlich erblickte?
Hätte der Freund sofort etwas unternehmen sollen, noch bevor der Unfall geschehen konnte? Hätte er versuchen sollen, den Hund zurückzurufen?
Oder wollte der Freund auch heimlich seinen Spaß haben?

Arbeitsblatt 2 wird als Kopie an die Schüler verteilt und der Text gemeinsam gelesen. Er wird wie üblich auf das Verständnis hin überprüft und offen gebliebene Fragen werden geklärt. Anschließend folgt eine erneute Lektüre, bevor die Schüler die Anweisungen unten auf dem Blatt ausführen.
Die Niederschriften der Schüler werden dann gelesen und nach gewohnter Manier behandelt.

Dann leitet der Lehrer zum dritten Fall über. Manchmal, sagt er, fällt es sehr schwer, Partei für jemanden zu ergreifen. Können die Schüler sich vorstellen, wann dies der Fall sein kann?
Die Schüler können nun Vermutungen anstellen und wenn der Verlauf des Gesprächs es ermöglicht, wird der Lehrer zurückbehalten, dass es nicht immer sofort klar ersichtlich ist, was denn nun Recht und was Unrecht ist. Aber dazu wird er ihnen ein drittes Abenteuer von den beiden Freunden vorlesen (Arbeitsblatt 3: „Tja, was nun?").

Was haben die beiden Jungen gemacht? Was hat der Hund getan, während die beiden Freunde den Waldrand auskundschafteten? Hat Daniel den Hund an der Leine geführt? Warum nicht? Wem gehört der Hund denn eigentlich? In dem Text heißt es: „Eigentlich besaß er ja auch keinen Hund, wenn man überhaupt sagen darf, dass ein Lebewesen ein anderes besitzt." Was denken die Schüler von diesem Satz?
Sie sollen ihren Standpunkt hierzu begründen.
Was tat der Hund, als er das Kaninchen sah? Reagieren alle Hunde so? Kann ein Hund eigentlich ein Kaninchen fangen? Haben die Kinder so etwas schon selbst erlebt? Oder wer erzählt solche Geschichten? Warum?
Der Lehrer liest den Text noch einmal vor.
Was geschah im Verlaufe der Verfolgung mit dem Kaninchen?
Was wäre mit dem Kaninchen geschehen, wenn es nicht unter ein Auto gelaufen wäre? Was hätte der Jäger mit ihm gemacht? Wie denken die Kinder hierüber?
Wie benimmt sich der Jäger gegenüber den beiden Kindern? Welche Argumente benutzt er? Was halten die Schüler von diesen Argumenten? Warum?
Hätte Daniel den Hund an einer Leine führen müssen? Darf er das denn überhaupt? Wäre das nicht Diebstahl, wenn der Hund doch vielleicht jemand anderem gehört?
Was erwartet Daniel wohl von seinem Freund?
Was hätten die Kinder an Daniels Stelle getan? Wieso?

Arbeitsblatt 3 wird ausgeteilt, der Text wird gemeinsam gelesen und auf das Verständnis hin überprüft. Das gemeinsame Lesen wird schließlich wiederholt.

Was bedeutet der Satz: „Und überhaupt, was hatte ich damit zu tun?"
Wird der Freund Partei ergreifen?
Kann er das überhaupt? Weiß er ganz sicher, wer Recht und wer Unrecht hat?
Angenommen, die Kinder wären in der Rolle des Freundes: Was würden sie tun? Warum?

Der Lehrer bringt den Begriff der Neutralität in die Diskussion ein. Was bedeutet er?
Der Lehrer erklärt den Schülern, dass dies schon ein sehr alter Begriff ist, der noch von den Römern und ihrer Sprache, dem Latein, herstammt. Er sagt ihnen, dass das lateinische Wort „neuter" (siehe neutrum) bedeutet: „keiner von beiden". Wenn man es zum Beispiel im Hinblick auf eine Sprache anwendet, so heißt es „sächlich", also weder weiblich noch männlich. Wendet man es aber hinsichtlich einer Entscheidung für oder gegen etwas an, so bedeutet es „sich nicht für oder gegen etwas entscheiden, nicht Partei ergreifen, neutral bleiben oder die Neutralität bewahren".

Können die Kinder aus eigener Erfahrung berichten, wie sie selber schon einmal neutral geblieben sind? Was war geschehen und was waren die Hintergründe?

Der Vollständigkeit halber und ohne weiter darauf einzugehen, weist der Lehrer darauf hin, dass nicht nur Kinder oder Erwachsene, sondern auch ganze Länder versuchen ihre Neutralität zu bewahren, besonders im Kriegsfall. Als Beispiele kann er die Schweiz oder Luxemburg zitieren.

Dritte Unterrichtsstunde: Jetzt wird die Entscheidung noch schwieriger

Einstieg:
Der Lehrer teilt den Schülern mit, dass er in dieser Unterrichtsstunde noch eine weitere Geschichte für sie parat hat. Diesmal müssen die Kinder aber so schlau sein wie Detektive, wenn sie die richtigen Antworten finden wollen.

Verlauf der Unterrichtsstunde:
Der Lehrer nimmt umständlich das vierte Arbeitsblatt mit dem Lesetext zur Hand und gibt sich Mühe, die Spannung im Saal zu steigern: gewichtige Miene, absolute Ruhe in der Klasse, Räuspern usw.
Dann trägt er die Geschichte vor, wobei er immer wieder unterbricht und bedeutungsvoll aufblickt. Am Ende dürfen die Schüler sich nicht äußern! Unter absolutem Schweigen bekommen die einzelnen Schüler die Kopien überreicht.

Noch einmal liest der Lehrer den Text vor, diesmal aber im gewohnten Rhythmus.

Dann trägt er den Schülern auf, den Text nach den Anweisungen auf dem Arbeitsblatt zu vervollständigen. Niemand darf sich dabei vom Banknachbarn inspirieren lassen.
Um besser überlegen zu können, dürfen die Schüler aber beim Nachdenken und Schreiben Pausen einlegen und zwischendurch die Zeichnung farbig ausmalen. Hauptbeschäftigung sollte dennoch das Ausfüllen der Textlücken bleiben.

Nachdem alle (!) Schüler dies dann in Ruhe erledigt haben, werden die niedergeschriebenen Aufgaben vorgelesen und kritisch betrachtet.
Dabei wird anfangs die Haltung des Erzählers gegenüber den einzelnen Freunden unter die Lupe genommen. Hat er oder sie Vorlieben für jemanden? Ist der Erzähler neutral in seinen Stellungnahmen? Ergreift der Freund Partei?

Jetzt wird echte Detektivarbeit geleistet: Wer kann überhaupt der unglückliche Schütze gewesen sein? Jens? Lisa? Tanja?

Die Schüler müssen ihren Verdacht jedes Mal begründen.
Doch kann es nicht noch jemand anders gewesen sein?
Die Kinder müssen nun nachdenken. Dabei kann ihnen der Hinweis helfen, dass nicht nur Tanja, Lisa und Jens mit einem Schneeball geschossen haben.

Nachdem sie dann herausgefunden haben, dass wahrscheinlich der Erzähler selbst der Unglückswerfer war, sollen sie sagen, was er ihrer Meinung nach tun soll. Wie soll er sich verhalten, was soll er wem sagen? Warum?

Um diese Unterrichtseinheit abzuschließen, schreiben die Schüler einen kleinen Aufsatz, der den eigentlichen Schluss von „Vier Kinder im Schnee“ bilden soll. Thema dieser Arbeit soll sein: „Wie meine Freunde sich mir gegenüber nun verhalten sollen“.

Diese Arbeiten werden dann nach gewohnter Manier besprochen.

Wenn Daniel im Recht ist

Daniel ist mein Freund. Er ist nicht mein bester oder mein liebster Freund. Er ist ganz einfach: mein Freund. Wir stehen zueinander und helfen uns, wann immer einer den anderen braucht. So wie das zum Beispiel damals war, als Daniel zu Unrecht verdächtigt wurde. Da habe ich nicht einen einzigen Augenblick lang gezögert und habe mich auf seine Seite gestellt. Aber am besten erzähle ich euch die ganze Geschichte der Reihe nach.

Wir, also Daniel und ich, waren von unseren Eltern zum Einkaufen geschickt worden. Auf dem Weg zum Laden lief uns ein Hund nach, den wir vorher noch nie gesehen hatten. Zuerst machte uns das Spaß, aber dann ging er uns auf die Nerven und wir versuchten ihn wegzujagen. Aber auch das half nichts. Schließlich ließen wir es sein und taten so, als ob er gar nicht da wäre. Doch immer wenn wir an einer Schaufensterscheibe vorbeikamen, guckten wir jedes Mal heimlich hinein, um zu sehen, ob der Hund uns immer noch hinterher lief.
Wir machten unsere Besorgungen, und auch auf dem Nachhauseweg wurden wir von dem Vierfüßler verfolgt. Vor meiner Haustür verabschiedeten wir uns und dann lief Daniel über die Straße zu seinem Haus. Er musste sich beeilen, denn ein Fahrrad kam ziemlich schnell herbei. Und da geschah es: Der Hund, der uns nun die ganze Zeit gegen unseren Willen verfolgt hatte, lief genau vor das Fahrrad. Die Dame, die darauf saß, musste stark bremsen und flog auf die Nase. Als sie aufstand und sich sehr laut ärgerte und ich alles hörte, was sie sagte, da zweifelte ich daran, dass sie wirklich eine Dame war.
Der Hund rannte so schnell er konnte weg und die gestürzte Radfahrerin lief zu Daniel. Der blieb stehen und schaute verdutzt drein.
„Dein Hund ist mir vor das Rad gelaufen! Schau, meine Kleider sind kaputt und schmutzig! Mein Fahrrad ist hin! Und außerdem blute ich am Ellbogen! Das ist alles deine Schuld! Wir gehen jetzt zu deinen Eltern! Und dann zur Polizei!“ Die Dame war ganz rot im Gesicht.
Dabei war es ja gar nicht Daniels Hund gewesen. Er hatte überhaupt keinen Hund. Er kannte nicht einmal einen. Und dann diese Anschuldigungen!

Da hielt es mich einfach nicht mehr. Ich ...

Schreibe du nun, wie die Geschichte weitergeht!

Ich ....

....

....

....

....

Als die Frau dann endlich mit dem Geschrei aufgehört hatte und gegangen war, da schaute Daniel mich an und sagte:

....

....

Wenn Daniel Unrecht hat

Auch wenn Daniel mein Freund ist, hat er natürlich nicht immer Recht. Aber immer wenn Daniel Unrecht hat, dann komme ich ganz mächtig in Schwierigkeiten. Denn dann weiß ich nie, wie ich mich verhalten soll. Soll ich etwa trotzdem sagen, er habe Recht – weil er ja mein Freund ist? Oder soll ich ihm klipp und klar erklären, dass er im Unrecht ist und warum ich das meine? Oder soll ich ganz einfach ruhig sein und so tun, als gehe mich das Ganze nichts an? Soll ich vielleicht so tun, als ob ich überhaupt nicht da wäre?
Also, das ist alles nicht so einfach. Ich will euch einmal eine Geschichte erzählen, die sich wirklich zugetragen hat. Und dann könnt ihr ja aufschreiben, wie ihr reagiert hättet. Also passt auf!

Daniel und ich waren wieder einmal bei mir vor der Haustür und auch der Hund war wieder da. Daniel hatte sich inzwischen mit ihm angefreundet, obwohl er ja seinetwegen große Schwierigkeit mit der Radfahrerin bekommen hatte. Die beiden verstanden sich sogar so gut, dass der Hund Daniel aufs Wort gehorchte. So konnte Daniel zum Beispiel „Sitz!" und „Bleib!" zu ihm sagen und dann blieb der Hund tatsächlich sitzen, auch wenn Daniel sich etwas entfernte. Die beiden übten das regelmäßig. So auch heute.
„Sitz!" – „Bleib!" Dann ging Daniel rückwärts auf die andere Straßenseite. Der Hund blieb sitzen. Und dann geschah etwas Unglaubliches. Die Dame, die schon einmal auf die Nase gefallen war, kam doch tatsächlich schon wieder angerauscht! Daniel sah sie ebenfalls kommen. Er blickte mich an, dann den Hund, dann die radelnde Dame. Sein Gesicht veränderte sich, ein erwartungsvolles Lächeln erfüllte es, er holte tief Luft, und dann ... „Fuß!"
Der Hund sprang auf und stürmte auf die Straße. Die Bremse quietschte, das Hinterrad stieg senkrecht in die Höhe und die Dame verließ ihr Gefährt waagerecht über den Lenker. Der Hund erschrak und verschwand um die Ecke. Daniel musste sich umdrehen, damit niemand sein Lachen sah, und dann begann das Geschrei natürlich wieder von vorne.
„Es ist nicht mein Hund, das wissen Sie doch!" Diesmal war Daniel seiner Sache ganz sicher und zeigte es auch.
„Aber ich habe gesehen und gehört, wie du ihn gerufen hast!" Die Dame, die jetzt auch am anderen Ellbogen blutete, ließ sich nicht beirren.

Da schaute mich Daniel übermütig an: „Sag du, ob es mein Hund ist oder nicht!" Ich ...

Schreibe auch diese Geschichte weiter!

Ich ....

....

....

....

....

Als ich das gesagt hatte, da sah Daniel mich an und meinte:

....

....

Tja, und nun?

Allerdings kommt es auch vor, dass ich nicht klar erkennen kann, ob Daniel denn nun Recht oder Unrecht hat. Und manchmal ist dann jemand da, der behauptet, ich müsse nun aber wirklich Partei ergreifen. Schließlich sei das im Interesse der Wahrheit und würde helfen, sie zu finden. Das gefällt mir dann überhaupt nicht. Ich lasse mich doch nicht dazu überreden, etwas zu denken, von dem ich nicht überzeugt bin! Es kommt wirklich nicht in Frage, dass ich etwas tue, das meinem Freund schaden könnte, wenn ich nicht einmal weiß, ob er etwas Unrechtes getan hat. Sogar wenn er etwas angerichtet hätte, nichts Schlimmes natürlich, dann weiß ich nicht, ob ich ihm da Steine in den Weg legen würde. Das nennt man neutral bleiben, wenn man überhaupt nichts tut und nur möchte, dass jeder einen in Ruhe lässt.

Einmal bin ich neutral geblieben und da habe ich gemerkt, dass auch das nicht so einfach ist. Und das kam so:
Daniel und ich gingen mit dem Hund spazieren. Es war ein schöner Tag, wir waren glücklich und zufrieden und auch der Hund freute sich mächtig. Wir machten eine richtig große Tour und Daniel ließ den Hund einfach frei herumlaufen. Ehrlich gesagt, er hatte da auch keine andere Wahl, denn Daniel besaß gar keine Hundeleine. Eigentlich besaß er ja auch keinen Hund, wenn man überhaupt sagen darf, dass ein Lebewesen ein anderes besitzt.
Nach einiger Zeit erreichten wir den Waldrand, wo es immer mächtig viel zu untersuchen gibt: Käfer, Ameisen, Schnecken, Blumen ... Auch der Hund war so richtig in seinem Element. Überall fand er interessante Spuren, die er beschnuppern musste. Eine dieser Spuren führte in ein Gebüsch. Der Hund folgte seiner Nase und diese folgte der Spur. Plötzlich sprang er erschrocken mit allen vieren in die Höhe und schaute verdutzt einem Kaninchen nach, das aus einem Strauch gesprungen war und nun in wildem Zickzack über die Wiese flüchtete. Nachdem der Hund seine Fassung wiedererlangt hatte, verlor er sie gleich wieder und rannte dem Kaninchen kläffend hinterher. Da half alles Rufen und Schreien und Ästewerfen nichts: Die beiden näherten sich immer mehr der Landstraße.

Das Kaninchen erreichte die Straße zuerst. Es bemerkte das Auto nicht, vor das es geradewegs lief. Und auch der Fahrer bemerkte das Kaninchen nicht. Ich bin sicher, dass es nicht leiden musste, denn es war sofort tot.
Der Hund kam zurück und machte ein Gesicht, als wollte er sich entschuldigen. Vielleicht aber hatte er den Jäger ja schon vor uns gesehen. Jedenfalls tauchte dieser urplötzlich aus dem Wald auf und war heftig erzürnt.
Es sei sein Kaninchen gewesen und er hätte es behalten wollen. Er hätte es bereits im Visier gehabt. Und Hunde habe man gefälligst an der Leine zu führen. Er liebe die Natur und wolle sie schützen. Deshalb könne er nicht dulden, dass Tiere, die er schießen wolle, unter ein Auto gehetzt würden. Er habe alles beobachtet, es sei ganz klar Daniels Schuld. Er müsse nun für den Schaden aufkommen.
Daniel schaute mich hilflos an. Immerhin hatte der Jäger ein Gewehr! Mir war auch nicht ganz wohl bei der Sache. Aber ob es wirklich Daniels Schuld war? Es war ja nicht wirklich sein Hund. Deshalb brauchte er auch keine Leine für ihn zu kaufen. Oder etwa doch? Und es war ja auch nicht Daniel gewesen, der den Hund großgezogen hatte und ihm hätte beibringen können, dass man keine fremden Kaninchen jagen darf. Und überhaupt, was hatte ich damit zu tun?

Vier Kinder im Schnee

Der Schnee lag ganz schön hoch. Wir freuten uns darüber, denn wir hatten Ferien. Wir, das waren Lisa, Tanja, Jens und ich. Zuerst liefen wir nur einfach umher und bewarfen uns gegenseitig mit Schnee. Danach bauten wir einen Schneemann. Dann eine Schneefrau. (Aber die sah genauso aus wie der Mann.) Später übten wir Zielschießen mit Schneebällen. Anfangs warfen wir die Bälle gegen einen Baumstamm. Danach versuchten wir, den Schneemann und seine Frau zu treffen.

Schließlich hatte jemand die Idee, auf die Klingel am Haus von Meckermeier zu zielen. Meckermeier heißt eigentlich „Herr Meier", aber wir haben ihn umgetauft, weil er immer mit uns schimpft, wenn wir in der Nähe seines Hauses spielen.

Wir beschlossen also, unsere Schneebälle alle zusammen auf die Klingel zu werfen. Derjenige, der sie zum Läuten bringen würde, hatte gewonnen. Sicher würde Jens gewinnen, denn der konnte sehr fest und sehr genau werfen. Aber Tanja hatte auch gute Chancen, denn ihre Bälle trafen immer genau da, wo sie wollte. Aber sie war nicht so kräftig und konnte deshalb nicht sehr weit werfen. Lisa würde ganz sicher nicht gewinnen, denn erstens warf sie immer daneben und zweitens flogen ihre Bälle nie sehr weit. Manchmal fielen sie ihr sogar fast vor die Füße, worüber sie dann immer selbst am meisten lachen musste.

Jens zählte bis drei. Dann flogen die vier Schneekugeln los: Erst blieben sie nebeneinander, sodass ich noch eine Zeit lang sehen konnte, welche meine war. Aber dann vermischten sie sich – bis plötzlich eine aus der Formation ausbrach und auf die Fensterscheibe neben der Klingel zuflog. Es schepperte fürchterlich, als die Scheibe in tausend Scherben herunterfiel.
Wir wollten schnell fortlaufen, aber da hörten wir eine Stimme hinter uns, die voller Wut rief: „So! Jetzt hab ich euch!"
Meckermeier stand da und mit einer erschreckend schnellen Bewegung streckte er eine Hand aus.

Vier Kinder im Schnee

1. Er packte Lisa beim Arm und schüttelte sie. Die beiden anderen rannten weg. „Ich war es nicht, bestimmt nicht!“, rief Lisa. Ich blieb wie gelähmt stehen und überlegte. Was sollte ich tun? Plötzlich fiel es mir ein.

Ich ....

....

Denn ....

....

2. Er packte Tanja beim Arm und schüttelte sie. Die beiden anderen rannten weg. „Ich war es nicht, bestimmt nicht!“, rief Tanja. Ich blieb wie gelähmt stehen und überlegte. Was sollte ich tun? Plötzlich fiel es mir ein.

Ich ....

....

Denn ....

....

3. Er packte Jens beim Arm und schüttelte ihn. Die beiden anderen rannten weg. „Ich war es nicht, bestimmt nicht!“, rief Jens. Ich blieb wie gelähmt stehen und überlegte. Was sollte ich tun? Plötzlich fiel es mir ein.

Ich ....

....

Denn ....

....

4.4 Die Wahrheit eines Freundes

Unterrichtsplanung und -vorbereitung

Unterrichtsziel:

Unter Freunden stellt sich manchmal die Frage, bis zu welchem Grad man die Wahrheit deutlich aussprechen soll, ohne dabei verletzend zu wirken. Wenn die Befürchtung aufkommt, die Freundschaft könnte in Gefahr geraten, droht ein wahrer Gewissenskonflikt. Aber hat nicht gerade der Freund in erster Linie ein Recht auf Wahrheit? Den Schülern Gelegenheit zu geben, verschiedene Szenarien in Betracht zu ziehen und sich dann eine Meinung zu bilden, ist das Ziel dieser Unterrichtseinheit.

Bezugsrahmen:

Diese Unterrichtseinheit wird als letzte der insgesamt vier Einheiten in der vierten Klasse behandelt.

Zeitrahmen:

3 Unterrichtsstunden

Hilfsmittel:

Vorbereitete Kopiervorlagen:
Arbeitsblatt 1: „Eva und ihre Freundin"
Arbeitsblatt 2: „Alexander und sein Freund"
Arbeitsblatt 3: „Onkel Felix und sein Arzt"

Weiteres Material:
Malutensilien

Verlauf der Unterrichtseinheit

Erste Unterrichtsstunde: Die Kleider der Freundin

Einstieg:
Der Lehrer fragt die Schüler, ob es in ihren Freundschaften schon verzwickte, weil peinliche Situationen gegeben hat.

Verlauf der Unterrichtsstunde:
Manche Schüler werden dies verneinen, andere werden Beispiele aus der eigenen Erfahrung zitieren.
Muss denn eine Freundschaft durch solche heiklen Momente zu Bruch gehen?
Nachdem die Schüler sich hierzu geäußert haben, bemerkt der Lehrer, dass es ja vielleicht auch Gründe geben kann, die dazu veranlassen, unangenehm zu einem Freund zu sein.
Welche Gründe könnten das sein?
Falls die Schüler an dieser Stelle nicht von alleine darauf kommen, stellt der Lehrer fest, dass die Wahrheit manchmal verletzend sein kann. Wann beispielsweise? Einige Erlebnisse werden geschildert.
Dann erzählt der Lehrer die Geschichte von Eva und ihrer Freundin (Arbeitsblatt 1).
Welchen Unterschied gibt es zwischen den beiden Freundinnen?
Welche Gemeinsamkeit verbindet sie?
Was glauben die Schüler: Wie denkt die eine über die Kleidung der anderen?
Der Lehrer teilt das Arbeitsblatt in der Klasse aus.
Der erste Teil der Aufgabe wird von den Schülern ausgeführt. Dabei ist es wichtig, dass die Schüler zuerst die Kleidung der Mädchen farbig ausmalen; dadurch werden sie dazu gebracht, sich mit den Details zu beschäftigen. Dann erst tragen sie ein, was die Mädchen ihrer Meinung nach denken.
Wenn diese Arbeit beendet ist, zeigen die Schüler erst die Zeichnungen mit den Kleidern. Nach einer kurzen Aussprache, bei der jeder zumindest einen kleinen Kommentar geben sollte, liest jeder Schüler vor, welche Gedanken er den beiden Mädchen zugeordnet hat. Auch dies wird

nach der bekannten Art und Weise durchgesprochen, hinterfragt und kommentiert.

Folgende Fragen werden dann untersucht:

- *Wenn jemand glaubt, dass er etwas weiß, was der andere auch wissen sollte, muss er dies dann seinem Freund mitteilen oder nicht?*
- *Soll er dies geradeheraus tun oder sich zuerst überlegen, wie er es am besten macht?*
- *Soll er die ganze Wahrheit sagen oder nur einen Teil davon?*
- *Wenn er die ganze Wahrheit sagen will, soll er das dann in einem einzigen Schritt tun oder lieber stückchenweise vorgehen?*
- *Gibt es eine Verhaltensregel, die immer und in allen Fällen Gültigkeit hat?*

Alle Antworten werden von den Schülern begründet; die Mitschüler geben ihren Kommentar, der möglichst aufbauend sein soll, zu den angebotenen Überlegungen ab.

Nun sollen die Schüler bestimmen, was die beiden Mädchen zueinander sagen sollen: Der zweite Aufgabenteil des ersten Arbeitsblattes wird von den Schülern ausgeführt.

Die möglichen Äußerungen Evas und ihrer Freundin werden vorgelesen und besprochen. Wie würden die Schüler mit Evas Kommentaren bzw. denen der Freundin umgehen, wenn sie jeweils die andere wären?

Könnte es zu einem Streit kommen?
Was würden die Schüler den beiden Mädchen in einem solchen Fall raten?
Wie würden sie sich selber verhalten?

Zweite Unterrichtsstunde: Die Prüfung

Einstieg:
Der Lehrer hält fest, dass beim letzten Mal jede der beiden Freundinnen der anderen etwas zu sagen hatte. Dem ist aber nicht immer so. Manchmal kommt es auch vor, dass nur einer dem anderen etwas mitzuteilen hat, wie zum Beispiel in der Geschichte von Alexander und seinem Freund (Arbeitsblatt 2), die der Lehrer nun erzählt.

Verlauf der Unterrichtsstunde:
Jeder Schüler erhält eine Kopie des Arbeitsblattes.

Während die Kinder die Gesichter farbig ausmalen, sollen sie überlegen, was in den Köpfen der beiden Freunde vorgehen mag. Sind die beiden Bilder fertig gestellt, füllt jeder Schüler die Denkblasen entsprechend aus.
Die fertigen Bilder werden danach in der Klasse gezeigt und die Texte aus den Denkblasen vorgelesen.
Jedes Kind erklärt, wie es zu seinem Text gekommen ist und was es sich dabei vorgestellt hat.
Die Mitschüler sollen sich hierzu äußern und ihre Überlegungen wie gewohnt begründen und kommentieren lassen.

- *Wie würden sie sich an der Stelle des Freundes verhalten?*
- *Soll er jetzt sofort die Wahrheit sagen?*
- *Oder soll er warten, bis die Mutter hinausgegangen ist?*
- *Sagt er besser überhaupt nichts, um die gute Stimmung nicht zu verderben?*

Die Schüler begründen jeweils, wie sie zu ihren Entschlüssen gekommen sind. Äußert ein Schüler Bedenken, werden diese untersucht.

Waren die Kinder selber schon einmal in einer ähnlichen Lage? Sie sollen erzählen!

Nun soll der Freund zu Wort kommen.

- *Was wird er zu Alexander sagen?*
- *Was wird Alexander ihm antworten?*

Die Schüler schreiben diese Äußerungen in den zweiten Aufgabenbereich des Arbeitsblattes hinein – so wie jeder es sich vorstellt (wobei sie sich etwas Zeit lassen sollten).

Danach werden die Texte vorgelesen.
Wie beurteilen die Mitschüler die vorgeschlagenen Aussagen? Warum?
Was hätten sie selber gesagt, wenn sie:

- *Alexanders Freund gewesen wären?*
- *An Alexanders Stelle die Wahrheit hätten hören müssen?*

Dritte Unterrichtsstunde: Eine bittere Wahrheit

Einstieg:
Freundschaft gibt es nicht nur unter Kindern. Auch Erwachsene haben Freunde. Und auch hier können Problemlagen hinsichtlich der Wahrheit auftreten. Der Lehrer weiß da von einem Fall zu erzählen.

Verlauf der Unterrichtsstunde:
Der Lehrer erzählt den Schülern den Fall von Onkel Felix und seinem Freund, dem Arzt (Arbeitsblatt 3). Er weist die Schüler darauf hin, dass Ärzte bei solchen Diagnosen immer vor die Frage gestellt werden, ob sie die (ganze) Wahrheit sagen oder ob sie lieber schweigen sollen. In der vorliegenden Geschichte wird der Gewissenskonflikt noch dadurch verschärft, dass Onkel Felix und der Arzt Freunde sind. Zu den Pflichten des Arztes kommen somit noch die Bedenken und Sorgen des Freundes hinzu.

Wie hätten die Schüler an der Stelle des Arztes gehandelt? Warum?

Das Arbeitsblatt 3 wird ausgeteilt und gemeinsam mehrere Male gelesen. Danach wird es auf das Verständnis hin überprüft.
In welcher Stimmung war Onkel Felix, als er seine Reise plante und noch nichts von seiner Krankheit wusste?
Was fühlt er, als er mit seinem Freund ins Restaurant geht?
Wie ist ihm zumute, als der Freund ihm von seiner Analyse erzählt?
Welche Meinung wird Onkel Felix im ersten Augenblick von seinem Freund gehabt haben?
Was hat Onkel Felix sich wohl gewünscht, als er den Arzt angehört hatte?
Wie mag er da über ihn geurteilt haben?
Ist es die Schuld des Freundes, dass Onkel Felix nicht abreisen wird?
Hat der Arzt nach Meinung der Kinder richtig oder falsch gehandelt?
Onkel Felix denkt dann nach und sagt schließlich: „Danke". Was ist geschehen?

Möchten die Kinder in der Haut von Onkel Felix stecken?
Oder möchten sie lieber an der Stelle des Arztes sein?

Was wird nun weiter geschehen?
Kann der Freund dem Onkel helfen?

Der Text wird noch einige Male gelesen und gegebenenfalls werden weitere Fragen oder Kommentare besprochen.

Dann leitet der Lehrer zur abschließenden Diskussion über, bei der wenigstens folgende Punkte erörtert werden sollten:

- *Was erwarte ich von einem Freund?*
- *Was darf ein Freund von mir erwarten?*
- *Wie benimmt man sich unter Freunden?*
- *Darf man einen Freund schockieren oder beleidigen?*
- *Darf oder soll man einem Freund immer die Wahrheit sagen? Warum? Wie?*
- *Hat der Freund ein Recht auf Wahrheit?*
- *Ist es von Vorteil, wenn niemand die Wahrheit sagt? Oder ist es ein Nachteil?*
- *Wenn sonst niemand einem die Wahrheit sagt, muss es dann nicht der Freund sein, der dies tut?*
- *Ist es ein Zeichen von Freundschaft, wenn man die Wahrheit sagt?*
- *Gibt es eine Freundschaft ohne Wahrheit, dafür aber mit Unehrlichkeit?*
- *Ist es möglich, die Wahrheit rücksichtsvoll zu sagen? Wenn ja, worauf muss man dann achten (Ort, Zeit, Umstände usw.)?*

Eva und ihre Freundin

Eva ist ein Mädchen in deinem Alter. Alexander aus der nächsten Geschichte übrigens auch.
Und heute geht Eva mit ihrer Freundin ins Kino. Die Eltern haben es ihnen erlaubt.
Eva hat sich besonders schick gemacht. Sie hat ihre neuen gelben Schuhe und ihre Lieblingsbluse, die hellgrüne, angezogen. Dazu trägt sie einen rosafarbenen Rock. Um den Hals hat sie sich ein Tuch gebunden, auf dem alle Pastelltöne der Welt enthalten sind. Voller Stolz präsentiert sie sich. Evas Freundin hat teils graue, teils schwarze Sachen an.

Lange, lange schaut sie Eva an. Sie will etwas sagen, doch dann schweigt sie.
Nachdem sie zwei Eintrittskarten an der Kasse eingelöst haben, gehen sie zum Eingang. Eva sieht unauffällig die Kleider ihrer Freundin an und will ebenfalls etwas sagen. Aber auch sie schweigt.

Male zuerst die beiden Mädchen farbig aus. Schreibe dann in die Denkblasen, was die beiden wohl überlegen!

Nun wollen wir die beiden Mädchen reden lassen. Schreibe hier auf, was sie sagen sollen!

Die Freundin sagt zu Eva: ....

....

....

Eva sagt zu ihrer Freundin: ....

....

....

Alexander und sein Freund

Alexander hat seinen Freund mit nach Hause genommen. Sie haben einen freien Nachmittag und wollen beisammen sein. Nach dem Essen werden zuerst die Hausaufgaben erledigt. Sie verbessern sich gegenseitig die Hefte und fragen sich ab. Dann öffnen sie den großen Kasten mit den Spielsachen. Es dauert nicht lange und die beiden Jungen sind in ihr Spiel vertieft. Fast merken sie nicht, wie sich sachte die Tür öffnet und Alexanders Mutter ins Zimmer kommt. Sie hat den beiden frischen Saft mitgebracht und stellt ihn jetzt so hin, dass die beiden Kinder sich bedienen können, ohne ihr Spiel zu unterbrechen. Eben will die Mutter wieder zur Tür hinausgehen, da fällt ihr ein, dass heute Vormittag eine Arbeit geschrieben werden sollte.
Alexander ist voller Stolz und erklärt, dass er alles, wirklich alles gewusst hat. Sein Freund schaut ihn von der Seite her an und schweigt. Er weiß, dass Alexander das wirklich glaubt. Aber in der Pause hatte er beobachten können, wie der Lehrer die Arbeiten verbessert hat. Es war ihm dabei nicht entgangen, dass in Alexanders Heft ziemlich viele rote Striche waren.

Der Freund überlegt: Soll er jetzt sofort die Wahrheit sagen? Oder soll er warten, bis die Mutter hinausgegangen ist? Oder sagt er besser überhaupt nichts, um die gute Stimmung nicht zu verderben?

Male zuerst die beiden Jungen farbig aus. Schreibe dann in die Denkblasen, was die beiden wohl überlegen!

Nun wollen wir die beiden Jungen reden lassen. Schreibe hier auf, was sie sagen sollen!

Der Freund sagt: ....

....

....

Alexander antwortet: ....

....

....

Onkel Felix und sein Arzt

Onkel Felix war ein ganz lieber Mensch. Und fleißig war er auch noch dazu. Onkel Felix hatte sein ganzes Leben lang viel gearbeitet und sein Geld gespart, weil er einen Plan hatte. Er wollte nämlich, wenn er alt genug war, um nicht mehr jeden Tag zur Arbeit gehen zu müssen, eine Reise machen. Es sollte eine ganz besondere Reise sein: Onkel Felix wollte einmal rund um die Erde reisen. Er wollte

all das sehen, was er bis jetzt nur aus Prospekten, Zeitschriften oder vom Radio und Fernseher her kannte. Dafür hatte er gespart. Sein Hausarzt wusste das auch, denn die beiden kannten sich schon sehr lange. Sie waren sogar zu richtigen Freunden geworden und manchmal unternahmen sie auch etwas gemeinsam. Dann fuhren sie zum Fischen oder saßen zusammen auf der Terrasse und redeten über dies und das. Sie hatten auch schon mehrere Male eine Fahrradtour unternommen.

Und nun war es so weit. Onkel Felix war in den Ruhestand getreten und sofort hatte er damit begonnen, seine Reise um die Erde zu organisieren. Reisebeschreibungen und Prospekte brauchte er keine mehr zu sammeln, denn davon quollen seine Bücherregale und die Schubladen schon längst über. Aber Reservierungen wenigstens für die ersten Tage musste er vornehmen. Und impfen lassen wollte er sich auch. Dazu ging er natürlich zu seinem Freund, dem Arzt. Und weil er schon einmal bei ihm war, bat er ihn auch noch um eine große Untersuchung, so wie er das schon früher hin und wieder getan hatte. Während sein Freund den Blutdruck maß und eine Blutprobe abnahm, sprachen die beiden über die bevorstehende große Reise. Und weil sie sich nun lange nicht mehr sehen würden, beschlossen sie, noch einmal gemeinsam ins Restaurant zu gehen und ein bisschen zu feiern. Es sollte ein lustiger Abend werden.

Vier Tage später saßen sie dann zusammen und Onkel Felix war richtig gut gelaunt. Sein Freund schien jedoch etwas auf dem Herzen zu haben, denn er wirkte bedrückt. Aber das war manchmal so, wenn er etwas besonders Schlimmes mit einem Patienten erlebt hatte. Dann versuchte Onkel Felix den Arzt aufzuheitern. Aber diesmal gelang ihm das nicht. Der Arzt schaute ihn nur sehr nachdenklich an und Onkel Felix sah, dass sein Kamerad über etwas ernsthaft nachdachte.

„Ich habe die Ergebnisse deiner Analyse erhalten." Sein Freund war nun sehr ernst geworden. Er schaute Onkel Felix mitfühlend an: „Du darfst so nicht auf die Reise gehen. Ich muss dich weiter untersuchen."

„Dann gib mir doch einfach Medikamente! Ich kann ja auf meiner Reise zu anderen Ärzten gehen und mich weiter behandeln lassen!" Onkel Felix wollte unbedingt die Welt sehen.

„Als Freund, als dein Freund, muss ich dir raten, hier zu bleiben. Ach Felix, es fällt mir so schwer dir das zu sagen. Aber ich befürchte, dass du schwer krank wirst. Wenn du jetzt abreist, kommst du vielleicht nie wieder. Wenn du aber hier bleibst, kann ich dir möglicherweise noch helfen. Doch entscheiden musst du!"

Onkel Felix war zuerst bestürzt, dann wurde er ärgerlich über diesen allzu ehrlichen Arzt. Schließlich überlegte er. Er schaute seinen Freund lange an, bevor er endlich „Danke" sagte.

Topaktuelle Materialien für Ihren Unterricht!

Ethikunterricht in der Grundschule: Wir gehen Problemen auf den Grund!

Norbert Berens/Marguerite Koob

Ethik in der Grundschule

Zur Reihe:

Die Bände dieser neuen Reihe decken jeweils ein ethisches Schwerpunktthema ab und enthalten ausgearbeitete Unterrichtseinheiten mit Lehrerhinweisen und Kopiervorlagen für die Jahrgangsstufen 1 bis 4.
Thematisiert werden verschiedene Aspekte des privaten und des öffentlichen Lebens sowie der Persönlichkeit.

Band 1:

So bin ich

Arbeitsmaterialien mit Kopiervorlagen

112 S., DIN A4, kart.
Best.-Nr. **3169**

Im Mittelpunkt dieses Buches steht die Heranbildung einer eigenen Individualität: Das Bewusstwerden der eigenen Person, die Bedürfnisse, Wünsche und Fähigkeiten des Ichs und die Dualität von Körper und Geist.

Band 2:

Das bist du

Arbeitsmaterialien mit Kopiervorlagen

112 S., DIN A4, kart.
Best.-Nr. **3170**

Sich in die Lage anderer zu versetzen ist nicht einfach. Voraussetzung dafür ist, dass den Mitmenschen eine eigene Persönlichkeit zugebilligt wird – mit eigenen Überzeugungen, Wünschen, Bedürfnissen und Fähigkeiten.
Das Buch führt die SchülerInnen Schritt für Schritt zu dieser Erkenntnis.

Band 3:

Mädchen und Jungen

Arbeitsmaterialien mit Kopiervorlagen

Ca. 120 S., DIN A4, kart.
Best.-Nr. **3171**

Die geschlechtliche Entwicklung bringt bei den jungen Menschen bedeutende Veränderungen mit sich – in ihrem Körper und in ihrem Wesen. Doch wie damit umgehen? Welche Facetten der Liebe gibt es? Aber auch das Erkennen, dass jeder Mensch das Recht zum Nein hat, ist ein wichtiges Unterrichtsziel. Gefahren werden identifiziert und Wege zur Vermeidung gezeigt.

Band 4:

Freunde – Gegner – Feinde

Arbeitsmaterialien mit Kopiervorlagen

Ca. 120 S., DIN A4, kart.
Best.-Nr. **3172**

Der Umgang mit anderen Menschen gehört zum Alltag eines Kindes. Natürlich entstehen dabei nicht nur freundschaftliche Gefühle zwischen den mehr oder weniger Gleichaltrigen. Die verschiedenen Aspekte, die damit verbunden sind, werden in diesem Band auf altersgerechte Weise beleuchtet und hinterfragt.

Auer **BESTELL-COUPON** Auer

Ja, bitte senden Sie mir/uns

____ Expl. Norbert Berens/Marguerite Koob
Ethik in der Grundschule
Band 1: So bin ich Best.-Nr. **3169**

____ Expl. Norbert Berens/Marguerite Koob
Ethik in der Grundschule
Band 2: Das bist du Best.-Nr. **3170**

____ Expl. Norbert Berens/Marguerite Koob
Ethik in der Grundschule
Band 3: Mädchen und Jungen Best.-Nr. **3171**

____ Expl. Norbert Berens/Marguerite Koob
Ethik in der Grundschule
Band 4: Freunde – Gegner – Feinde Best.-Nr. **3172**

mit Rechnung zu.

Bestellungen rund um die Uhr!
Telefon: 01 80/5 34 36 17
Fax: 09 06/7 31 78

Bitte kopieren und einsenden an:

Auer Versandbuchhandlung
Postfach 11 52
86601 Donauwörth

Meine Anschrift lautet:

Name/Vorname

Straße

PLZ/Ort

Datum/Unterschrift